小學生 數學 我不怕！

100分必讀・Q版神攻略
No.1學霸李小白遇上難題，多多老師神救援

學習類童書暢銷作家
樂多多 著

高斯跟李小白打賭自己的作業不用檢查就沒有任何錯誤，結果被李小白的火眼金睛揪出好多錯。沒辦法，願賭服輸嘛，他只好買一堆好吃的零食給李小白了。唉，高斯這次終於學到教訓，寫完作業後認真檢查實在是太重要了。

快樂學習，
從掌握學習訣竅開始！

　　甲乙兩個年輕人都想拜大師為師，大師把他們帶到一條很寬很寬的大河前，說：「誰能最快到達對岸，我就收誰為徒。」兩人一聽都很興奮，甲「撲通」一聲跳入了河中，想憑藉還不錯的游泳技巧游到對岸；而乙卻找附近的漁民借來了一艘電動小船。

　　結果，乙輕鬆而快速地到達了對岸，而甲卻因為體力不支吃了好幾口河水，從此見到水就害怕。

　　小朋友們，甲乙兩人，你更認同誰的做法呢？

　　相信聰明的小朋友都會選擇乙吧。不僅是過河，做任何事情，只有找到了訣竅，才能事半功倍。

　　學習更是如此。同一個班的同學，同樣是聽同一個老師講課，有的小朋友成績很棒，而有的卻成績平平，這是為什麼？有的小朋友覺得自己已經很努力學習了，但成績卻總是不見提升，這是為什麼？

　　原因只有一個——沒有找到學習的訣竅。學習訣竅就像是一把有魔力的鑰匙，找到了它，學習就會變得輕鬆而有趣；反之，一味死學，你會學得痛苦而吃力。

　　現在，多多老師告訴你一個小祕密，**你手中的這本書就是**

一本神奇的Q版神攻略。它有超強的魔力，不僅會告訴你學習該怎麼學，具體的關鍵點該怎麼掌握，而且還為你總結了一套考高分的方法喔！例如——

整數、自然數、正數、負數、0⋯⋯這些概念你是不是常常混淆？別擔心，這本神奇的Q版神攻略會告訴你如何快速地區分它們。

雞兔同籠、植樹問題⋯⋯你是不是常常會做錯？從今天開始，你將要告別老師的大紅叉了，因為這本有「魔力」的神攻略為你整理了最便捷、最好記的解題方法。

答題容易粗心、聽課容易分心⋯⋯別擔心，這本萬能的Q版神攻略會教你如何管住自己。

過不了多久，你就會發現：本書像一位話不多但很有耐心的老師，默默地在你身旁為你歸納方法、總結訣竅；也像是好朋友，一直在耳邊提醒你，要認真、有技巧地學習。有這樣的「良師益友」為你的小學生涯指引方向，你還擔心不知道如何學習、成績無法進步嗎？

這樣的「良師益友」，任何一名小學生都值得擁有！

樂多多

人物介紹

高斯

班上最厲害的「玩家」，如果你想不重複花樣地玩上三天三夜，找他準沒錯。但他的學習成績卻是確確實實拿不上檯面，也就比倒數第一名多那麼一點點的分數吧。據說，坐同桌的李小白決定要向他傳授「學習訣竅」，但臭屁又愛面子的高斯會接受人家的這番好意嗎？

李小白

學習成績 NO.1 的小學霸，「Q版神攻略」的忠實粉絲。常對高斯、英格力發火，因為她最看不慣像高斯那種不認真學習的人。

英格力

高斯的「難兄難弟」，學習成績也常常是 NO.1，不過是倒數的。最害怕老爸的「竹筍炒肉絲」，但這已成為他每次考試之後的家常便飯。最近他的成績有所長進，聽說是李小白向他大方傳授「學習訣竅」了。

目錄

第 1 章 數字概念篇
輕鬆釐清基本概念，原來好多題目不用算

應用題破解篇
俐落走出饒舌題目的文字迷宮

第 3 章 稱霸考場篇

突破瓶頸！讓數學突飛猛進的祕笈大公開

戰勝自我篇
打敗壞習慣，找回分數與自信

生活應用篇
5個數學訣竅讓你成為「生活智慧王」

第 6 章　前進奧數篇
挑戰數學奧林匹克的攻頂策略

第 1 章

數字
概念篇

輕鬆釐清基本概念，
原來好多題目不用算

Q版漫畫學妙招
輕鬆掌握數學概念的訣竅

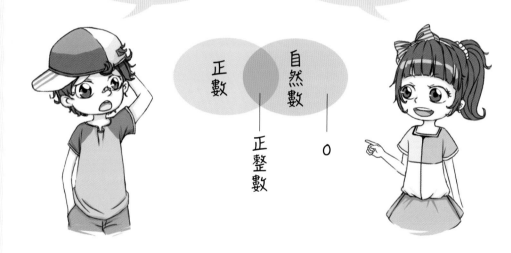

畫關係圖分辨數字性質

　　自然數、整數、0、正數、負數……這些概念往往很容易混淆，而在做題目時，如果搞不清楚它們之間的關係，就會很容易出錯。其實，要分清它們的概念和範圍有一個非常好用的方法，那就是親手畫出它們之間的關係圖。透過李小白畫的圖表，我們就可以清楚地看到正整數和0都是自然數。

考你們一道關於奇數與偶數的題目。

考吧，公式我都記住了，一點都不怕。

偶數 ± 偶數 ＝ 偶數
奇數 ± 奇數 ＝ 偶數
偶數 ± 奇數 ＝ 奇數

公式我也記住了，考再多題我也不怕。

偶數 × 奇數 ＝ 偶數
奇數 × 奇數 ＝ 奇數
偶數 × 偶數 ＝ 偶數

破解奇偶數變化的有趣公式

　　奇數和偶數的概念很好區分，有關它們的公式也非常有意思呢。不相信嗎？請現在就靜下心來找找它們之間的規律吧！兩個偶數的和或差都是偶數，兩個奇數的和或差也是偶數，但一個偶數與一個奇數的和或差卻是奇數。

一眼看穿「２、３、５」倍數的神解法

　　要判斷一個整數能否被2、3、5整除，其實不用真的去算。遇到這類題目是有祕訣的：如果一個整數的個位數能被2整除，那它就能被2整除；如果一個整數的各個位數相加能被

一分鐘內告訴我，365284能被3整除嗎？

這也太難了吧！

有個祕訣能一眼判斷3的倍數！

3整除，那它就能被3整除；如果一個整數的個位數是0或5，那它就能被5整除。

這題我只是點錯了一個小數點，就被扣了10分。

別小看這個小黑點，它的威力可大著呢。

讓你嘗嘗我的厲害！

我是小數點

小心小數點的埋伏

就像李小白所說的，別小看小數點，它的威力很強大呢！點錯一個小數點，就可能扣很多分數；財務人員如果點錯一個小數點更可怕，有可能造成幾萬、幾十萬甚至更多的損失。所以，小朋友們在做數學題目時，一定要細心、細心、再細心。

觀念 1 數系的基本概念
用關係圖迅速分辨整數、自然數、正負數

連爸爸都不會 **自然數到底是什麼？**

英格力悄悄地推開家門，看到客廳裡空蕩蕩的，不禁心中一陣竊喜，心想爸爸媽媽不在家，今天或許能躲過一劫。

就在英格力躡手躡腳地準備往自己房間走的時候，一個悶雷般的聲音從他身後響起：「英格力，今天數學考試的考卷發下來了吧？」

英格力膽戰心驚地回頭，看見爸爸像一尊雕像一樣居高臨下看著他。他從書包裡掏出考卷，顫抖著交給爸爸。

爸爸接過考卷，一看到鮮紅的「66」就開始咆哮：「才考了66分！這些題目真的有那麼難嗎？」

爸爸指著考卷上那些做錯的題目，繼續指責英格力道：「你看這題，連整數的概念都不知道，整數不就是……」

爸爸想了半天也想不起來。乾脆又指著另一道題目問：「這一題呢？什麼是自然數？你的答案是『自然數就是1、2、3、4等等這樣的一列數……』嗯？這麼說不對嗎？我覺得沒錯啊。」

爸爸完全把英格力忘了，看著考卷自言自語。

「爸爸，這幾個概念是不是很難弄清楚？」英格力小聲地問，「你能不能告訴我什麼是整數、什麼是自然數、什麼是正數、什麼是負數……」

爸爸認真思考了幾分鐘，也沒有給出英格力答案。他若有所思地說：「這幾個概念確實很難弄清楚，有沒有辨別它們的祕訣呢？」

多多老師分析
如何理解「數字的分類」？

整數、自然數、正數、負數……提到這些概念，你應該並不陌生，可是如果讓你說出這幾個概念的內容以及它們之間的區別，你能做到嗎？

應該很難！因為多多老師在和小學生接觸的過程中，發現很多小學生都會混淆這幾個數字概念。

但是記住這些概念真的有這麼難嗎？老師可不這麼認為。

你知道嗎，記憶並區分這些概念是講究方法和祕訣的喔！

Tip▶ 用畫圖來「說」數學概念

（1）小卡片隨時看，概念定義一把抓

多多老師曾遇過一名聰明的小學生，他在記憶這些概念時用了一個非常奇妙的方法──小卡片記憶法。

把那些容易混淆的概念用分類對比的方法寫在小卡片，就非常容易記憶。例如：

◆ 整數：像 -2、-1、0、1、2 這樣的數稱為整數。

◆ 自然數：表示物體個數的數，正整數和 0 統稱為自然數。

◆ 正數：若一個數大於 0，則稱它為正數。

◆ 負數：若一個數小於 0，則稱它為負數。

◆ 0：0 是整數，但不是正整數，也不是負整數。0 是最小的自然數。

　　僅僅把數字概念寫在卡片上可是遠遠不夠的，這個小學生還把這些小卡片貼在課桌上、書桌上、牆壁上等等隨處可以看到的地方。

　　如此一來，他就能經常在無意間看到這些概念，並在不知不覺中就把這些概念印在腦海裡了。

（2）善用畫圈圈、樹狀圖，區分「數系」的範圍

　　不少小學生在學習整數、自然數、正數、負數這些概念的時候，都出現了這種情況：對每個概念的文字解釋都能背得滾瓜爛熟，但是當這些概念放在一起的時候，他們就分不清哪個範圍大，哪個範圍小了。

　　那麼怎樣才能避免這些情況發生呢？

　　我們不妨用「畫圓圈」的方式來區分一下大小：

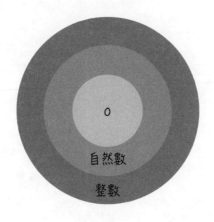

除了同心圓之外，我們也可以利用樹狀圖或其他圖形來幫助我們理解與想像：

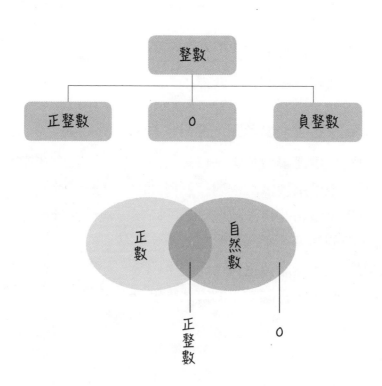

（３）找出自己的概念盲點，量身打造你的專屬解析

一般人在剛開始學習數字概念的時候，很容易把它們弄混，這其實很正常。

不過，有些小學生在學習了一段時間之後，犯錯的情況愈來愈少，但另外一些小學生卻在同樣的地方總是一錯再錯。到底是什麼原因，導致兩種截然相反的情況呢？

經過認真的觀察，多多老師認為這是因為不同學生對待答錯的題目的態度不同。有些學生能及時訂正錯誤，認真分析，並且把錯誤的原因寫出來，這樣每犯一次錯，他就能真正找出自己不懂的地方。例如，一個小學生在做是非題的時候，把以下全是錯的說法都打了「○」，他在這幾題後面做出了訂正：

◆ 整數就是自然數和 0。

→**錯誤原因**：自然數與 0 都是整數沒錯，但整數涵蓋的範圍更廣，例如負整數也包含在裡面，但是題目中的說法卻排擠了負整數，說明不夠完整，所以是錯的。

◆ 自然數就是 1、2、3、4 等等這樣的一列數。

→**錯誤原因**：1、2、3、4 等數字是自然數，但是這些數字組成的一列數不是自然數。自然數還包括 0。

◆ 最小的一位數是 0。

→**錯誤原因**：最小的一位數是 1，而不是 0。

累積的錯誤雖然多，但只要有訂正，正確知識就會愈多，這樣長久地累積下去，你的數學知識就會愈來愈牢固。

奇偶數的運算原則

好玩的運算公式，一眼破解答案是奇是偶

猜硬幣遊戲 ▶ **李小白的不敗祕技**

早已過了放學的時間，但是四年一班的教室裡卻圍著滿滿的人，這是怎麼一回事呢？

原來，高斯要和李小白一較高下啦！大家都在圍觀呢。

只見高斯伸出握得緊緊的兩個拳頭，對李小白說：「李小白，我的雙手現在都握著硬幣，一隻手裡的硬幣是奇數個，另一手則是偶數個，如果你能在五分鐘內說出哪隻手裡的是奇數，哪隻手裡的是偶數，我就甘拜下風。怎麼樣？」

「沒問題，但是我有一個要求。」

「什麼要求，儘管提。」高斯滿不在乎地說。

「把你右手的硬幣數乘以2，左手的硬幣數乘以3，再把得到的兩個積相加，告訴我最後的和是多少。」

「這個要求也太簡單了。」高斯按照李小白的要求心算了一會兒，然後對李小白說：「26。」

「嗯……」李小白沉吟了一會兒，對高斯說：「右手是奇數，左手是偶數。我說得對不對？」

高斯瞪大了眼睛，他實在想不到，李小白竟然這麼快就說出了正確答案。

「雖然你答對了，但是也有可能是猜對的，我不服，我們再來一次。」

「來就來，誰怕誰啊。老實告訴你吧，高斯，我已經掌握了分清奇數和偶數的祕訣，再來多少次，你都會輸。」

果然，連續試了幾次，李小白都能很快地把答案說出來，讓高斯不得不認輸。

遊戲結束後，高斯的心中好納悶，不斷想著：「李小白是怎麼做到的呢？難道真如她所說，分清奇數和偶數是有祕訣的？」

 多多老師分析

不必實算就能判斷奇偶數的絕招

李小白到底是怎麼猜出高斯手裡的硬幣哪個是偶數、哪個是奇數的呢？別著急，讓多多老師來幫你分析一下。

首先我們一定要知道；李小白為什麼要讓高斯把右手的硬幣數乘以2，左手的硬幣數乘以3？

這是因為任何一個數字乘以2，得到得積都是偶數。而奇數乘以3，還是奇數；偶數乘以3，還是偶數。

所以右手硬幣數乘以2之後，積一定是偶數。而左手硬幣數乘以3之後，如果積是偶數，那麼左手本來的硬幣數就是偶數；如果積是奇數，那麼左手本來的數就是奇數。那又是為什麼李小白要高斯把兩個積相加呢？

在回答這個問題之前，我們要記住這兩個算式：

奇數＋偶數＝奇數；

偶數＋偶數＝偶數。

　　從上面的公式可以知道，如果最後兩個積的和是奇數，那麼左手的硬幣數就是奇數；如果最後的和是偶數，那麼左手的硬幣數就是偶數。

　　現在你明白了吧，李小白就是用這樣的方法，推算出高斯手中的硬幣數到底是奇數還是偶數。

Tip▶ 記住奇偶數運算的神奇公式

偶數 ± 偶數＝偶數，奇數 ± 奇數＝偶數，

偶數 ± 奇數＝奇數，偶數 × 奇數＝偶數，

奇數 × 奇數＝奇數，偶數 × 偶數＝偶數。

記住這些神奇的小公式，
任何關於奇數和偶數的題
都難不倒你。

觀念 3 倍數判斷法
整除有規律，立刻找出倍數的祕訣

檢查作業 李小白的火眼金睛

「作業寫完嘍，可以出去玩了！」高斯把最後一個答案寫上，一邊歡呼一邊收拾課本和習作。

「高斯，你又不檢查！」同桌同學李小白的一聲喝斥在耳邊響起。

「唉。」高斯長嘆一聲，不情不願地打開作業本開始檢查。

沒辦法，誰讓李小白是數學小老師，又坐他旁邊呢？如果自己不檢查，李小白肯定會在數學老師面前打小報告的！

一分鐘過後，高斯把作業本放在李小白眼前。「看，我已經檢查過了，這次可以出去玩了吧？」

「你怎麼檢查的呀？才一分鐘也算檢查？」

「一分鐘怎麼了？我一分鐘能檢查十幾題呢。」

「吹牛，你看看，有些錯誤你根本就沒有檢查出來。」李小白指著某幾題說。

高斯仔細一看，這幾道題目的內容如下：

$1837 \div 3 = 612$

$6139 \div 7 = 877 \cdots 2$

「這兩題有什麼不對嗎？你連算都不算，怎麼知道我的答案錯了？」高斯不服氣地問。

「不用算，我就知道你做錯了，因為1837根本不能被3整除，答案肯定會有餘數；而6139能夠被7整除，所以不會有餘數。」李小白得意地說。

 多多老師分析
掌握不同數字的整除規律

李小白一眼就能看出哪些數能被3和7整除，怎麼樣，你也覺得她很厲害吧？

其實，我們根本不用羨慕李小白，她之所以有這種能力，是因為她掌握了整除的規律。如果我們學會了整除的規律，那我們不僅能看出哪些數能被3和7整除，還能看出能被2、4、5、6整除的數呢！

Tip 「2、3、4、5、6、7」的倍數判斷法

◎**2的倍數**

如果一個數字各個位數上的數能被2整除，那麼這個數本身也能被2整除。

例如：2、4、8、16、26、38、52……

◎3的倍數

如果一個數字各個位數上的數字，加起來的和能被3整除，那這個數本身也能被3整除。

例如：「123」各個位數上的數相加是：1＋2＋3＝6，6可以被3整除，那麼123就能夠被3整除；

「417」各個位數上的數相加是：4＋1＋7＝12，12能被3整除，那麼417也能被3整除。

◎4的倍數

如果一個數字的個位和十位所組成的兩位數能被4整除，那麼這個數就能被4整除。

例如：「212」的個位和十位組成的兩位數是12，12可以被4整除，所以212也能被4整除；

「7924」的個位和十位組成的兩位數是24，24可以被4整除，所以7924也能被4整除。

◎5的倍數

如果一個數字的個位是0或者5，那麼這個數就能被5整除。

例如：320、705、1025、800……

◎6的倍數

如果一個數字既能被2整除，同時又能被3整除，那麼這個數就能被6整除。

例如：72、84、108……

◎7的倍數

判斷一個數字能否被7整除，有個好方法叫「截尾法」。「截尾法」就是把這個數的個位數字截去，再從餘下的數中，減去個位數的2倍，如果差是7的倍數，則原數能被7整除。如果差太大或心算不易看出是否7的倍數，就需要繼續上述的過程，直到能清楚判斷為止。

例如，判斷「133」是否為7的倍數的過程如下：

$13 - 3×2 = 7$，所以133是7的倍數；

判斷「6139」是否7的倍數的過程如下：

$613 - 9×2 = 595$ ， $59 - 5×2 = 49$，所以6139是7的倍數。

多多老師考考你

請問以下數字哪些能被3整除？哪些能被7整除？

12、14、15、27、21、29、66、69、77、81、87、42、138、560、98、154、119、126

**解答請參見p.258

分數活用法

用分數算除法，終於擺脫除不盡的餘數！

分家產的難題 ▶ **聰明鄰居化解家庭危機**

上課時間快到了，高斯手裡緊緊握著參考書，臉上寫滿了緊張和期待。

「高斯，以前快要上課的時候，你都是一副心不甘情不願的樣子，怎麼突然這麼期待上課？」高斯反常的舉動引起了李小白的注意。

「因為今天我要向老師反映一個問題，一個非常嚴重的問題，老師一定會稱讚我。」高斯喜孜孜地說。

「什麼問題？」李小白問。

「你看，這題出錯了，無論用什麼方法都不能算出結果，只有我這麼聰明的人才能發現問題。」高斯打開參考書，指著其中的一題說。

李小白一看，這道題目是這樣的：

> 古代的印度有個農民，他有 17 頭牛。他在病重時立下遺囑，要把這 17 頭牛分給他的三個兒子，他說：「長子分一半，次子分三分之一，老么得九分之一。」在他過世後，三個兒子在分家產時陷入了糾紛，結果一個聰明的鄰居替他們分好了。

同學們知道這位鄰居是怎麼分配的嗎？

「這題根本不可能算出來，因為17除不盡2，除不盡3，也除不盡9，所以三兄弟根本沒辦法分遺產。」高斯分析得頭頭是道，看起來極具說服力。

但是李小白可不這麼想，她覺得這題沒有出錯，冥思苦想了一會兒，腦海中突然靈光一閃，就刷刷刷地在計算紙上寫下了幾個算式。高斯盯著那幾個算式看了一會兒，臉不由自主地紅了，就像熟透的番茄。

 多多老師分析
遇到無法整除的分配問題該怎麼辦？

高斯的臉為什麼紅了呢？因為題目並沒有出錯，而且李小白已經知道，那個鄰居是怎麼幫助三兄弟分家產了。

你是否也想出來了呢？如果沒有的話也沒關係，就讓我們來看看李小白的作法吧！

因為17不能被2、3、9整除，所以看起來17頭牛不能按照$\frac{1}{2}$、$\frac{1}{3}$、$\frac{1}{9}$分給三個兄弟。

但是如果我們使用2、3、9的公倍數來計算，先把17變成18呢？

題目中的鄰居就是這麼做的，他把自己家中的1頭牛牽了過來，所以加上老人的17頭牛正好是18頭牛，這樣一來，三兄弟可以分得的牛分別是：

大兒子：$18 \times \dfrac{1}{2} = 9$（頭）

二兒子：$18 \times \dfrac{1}{3} = 6$（頭）

三兒子：$18 \times \dfrac{1}{9} = 2$（頭）

三兄弟得到的牛，總數正好是：$9 + 6 + 2 = 17$（頭），那麼剩下的那頭牛當然就要歸還給鄰居了。

 多多老師考考你

❶ 一個分數的分子擴大 3 倍，分母縮小 4 倍後是 $\dfrac{18}{7}$，那麼這個分數是多少？

❷ 甲數的 $\dfrac{2}{5}$ 與乙數的 $\dfrac{3}{4}$ 相等，甲數是 $\dfrac{3}{8}$，乙數是多少？

**解答請參見p.258

觀念 **5** 小數點的移動祕訣
「差一點」答案就差千百倍

發習作 ▶ 高斯是小學生大富翁

　　把習作發下去後，老師神色嚴肅地看著全班說：「同學們，你們上次的課堂作業我已經改好了，但有兩名同學的習作被我留了下來，老師想趁這次提醒全班同學，一個大家常犯的錯誤。」

　　說完，老師環視一下教室，嚴厲地說：「高斯、英格力，老師說過很多次了，算小數題的時候一定要細心，你們這次又粗心了。」

　　老師翻開他們倆的作業本，說：「高斯，第一題是計算一個小學生平均每個月的零用錢金額，你的答案是7002.5元。到底是哪個小學生一個月的零用錢有這麼多？」

　　全班同學哄堂大笑，高斯無奈地領回習作，發現他的解題步驟沒錯，但是最後小數點的位置點錯了。

　　「英格力，最後一題，計算一個三口之家一年的收入有多少，你的答案是1036.304元。到底有哪個家庭年收入會只有1000多元呢？」全班再次哄堂大笑。

　　英格力心想他和高斯不愧是好朋友，居然連犯錯都這麼相似，默契實在太好了。

多多老師分析

亂放小數點會造成什麼錯誤呢？

親愛的小朋友，千萬不能因為小數點很小，就忽視它喔！

舉例來說，不小心把小數點往左放一位數，這個數字就會縮小十倍。這些小錯不僅會害分數飛走，也可能害我們做錯決定喔！所以，小朋友一定要細心地把小數點放在正確的位置上。

小數點愈靠左，這個數就愈小；愈靠右，這個數就愈大。而且，移動小數點的位置所引起的數字大小變化是有規律的喔！

Tip ▶ **用表格「透明化」小數點的變化**

多多老師認識一個小朋友，他剛開始學小數的時候，也總是分不清小數點移動對數字大小產生的影響，後來他做了一個規律表，整理了小數點移動和數字大小的對應變化：

	方向	移動位數	變化	倍數	舉例
小數點	向左	一位	縮小	原數的 $\frac{1}{10}$	312.5→31.25
		兩位		原數的 $\frac{1}{100}$	312.5→3.215
		三位		原數的 $\frac{1}{1000}$	312.5→0.3125
	向右	一位	擴大	原數的 10 倍	0.56→5.6
		兩位		原數的 100 倍	0.56→56
		三位		原數的 1000 倍	0.56→560

看完這個規律表，你是不是更清楚小數點如何影響數字大小了呢？所以，我們在平常的解題過程中，應該重視小數點，絕對不能隨心所欲地移動它們的位置。利用小數點改變數字大小時，也要特別注意兩點：**往哪移、移幾位**。這樣就可以根據規律表推斷這個數字該變大還是變小了。

多多老師考考你

❶ 把 39.5 縮小到原數的 $\frac{1}{10}$，等同把 0.395 擴大到原數的＿＿＿＿＿＿倍結果。

❷ 甲乙兩數的差是 3.6，乙數的小數點向右移動一位就和甲數相等，甲數是＿＿＿＿＿＿。

**解答請參見 p.258

觀念 6 四則運算的順序

加減乘除不平等，小心乘除號插隊！

自習課 ＋－×÷ 的填空遊戲

今天最後一節是數學自習課，高斯一邊寫著題目，一邊卻想著放學後要和英格力去打球，整個人都坐不住！

「這些加減乘除的題目我不做了！我已經升上高年級，這些題目對我來說太簡單了。」高斯直接跳過所有習作上關於加減乘除的題目，不耐煩地說。

高斯本來是在自言自語，但旁邊的李小白卻聽到了，她神祕地笑著說：「你可不要小看『＋－×÷』這幾個符號，它們可是大有學問呢！」

高斯看了李小白一眼，還「哼」了一聲，臉上掛著質疑。

看到高斯那自大的表情，李小白靈機一動，說：「高斯，既然你說加減乘除太簡單，那我出幾道題目給你，看你能不能做出來？」

「好，我才不怕呢！這四個符號我用起來可是得心應手。」

在高斯吹牛時，李小白已經把題目寫下來了：

請填入數學符號，使下列等式成立：

$2 \bigcirc 2 \bigcirc 2 \bigcirc 2 = 0$

$2 \bigcirc 2 \bigcirc 2 \bigcirc 2 = 5$

$2 \bigcirc 2 \bigcirc 2 \bigcirc 2 = 2$

「這還不簡單，不就填幾個符號而已嗎？」高斯隨意掃了一眼，心想李小白這次輸定了，可是等他要填答案的時候，卻遲遲下不了筆。

李小白看他急得滿頭大汗，俏皮地說：「怎麼樣，高斯同學，這下知道加減乘除符號的厲害了吧？」

 多多老師分析

「加減乘除」也有優先順序嗎？

高斯認為加減乘除太簡單，結果自己卻被這幾題給卡住。看來在學習數學的時候，謙虛謹慎的態度還真是不可少呢！

那麼這幾題到底應該怎麼做？只要用加減乘除四個符號就能使等式成立嗎？

其實，加減乘除四個符號看似簡單，卻蘊含著無窮的奧妙，要達到靈活運用的程度可是不容易的。

例如這幾題，若要讓等式成立，就要合理運用這四個符號。**運算時，要記得「先算乘除，再進行加減」。若遇到括號，則先計算括號內的數字。**

關於李小白出的這三道題目，可以這樣做：

❶ 2○2○2○2＝0

要讓這個等式成立，可以有以下4種填法：

$2-2+2-2=0$

$2+2-2-2=0$

$2\times2-2-2=0$

$2\times2-2\times2=0$

❷ 2○2○2○2＝5

要讓這個等式成立，可以有以下2種填法：

$2\times2+2\div2=5$

$2\div2+2\times2=5$

❸ 2○2○2○2＝2

要讓這個等式成立，我們可以這樣填：

$2\div2+2\div2=2$

在數字間填上適當的加減符號，使下列等式成立：

❶ 1◯2◯3◯4◯5◯6◯7◯8◯9◯10 = 11

❷ 4◯4◯4◯4 = 1

   4◯4◯4◯4 = 2

   4◯4◯4◯4 = 3

   4◯4◯4◯4 = 4

**解答請參見p.258

第2章

應用題破解篇

俐落走出饒舌題目的文字迷宮

Q版漫畫學妙招
將應用題化繁為簡的祕密武器

一座農場裡，原本山羊比綿羊少200隻，後來山羊的數目增加50隻，此時綿羊數目是山羊的2倍，請問原本綿羊和山羊各多少隻？

這類題目很簡單，只要畫個線段圖就能做出來。

用線段圖「說完」饒舌又複雜的題目

畫線段圖真的可以讓應用題變得一目了然！就像圖片中這題，光讀題目，很難看出山羊和綿羊的具體數量關係，然而一旦畫出線段圖，答案就呼之欲出了。

果園採收蘋果，如果用小筐裝，每小筐裝24斤，需要裝28筐。現在用小筐和大筐一起裝，先用小筐裝16筐，剩下都用大筐裝，每個大筐裝32斤，請問：正好需要多少個大筐呢？

這有什麼難的？用分層法就能搞定！

你會嗎？

像剝洋蔥般一層一層接近問題核心

所謂分層法，就是根據題目給的條件，一步步來解題。

例如圖片中的題目，我們別怕麻煩，只要一層層按照「總重量、小筐裝載數量、大筐裝載數量」的順序，很快就能算出答案唷！

線段圖解法
只用幾條線就輕鬆說完題目

高斯的念經攻勢 山羊？綿羊？讓人頭昏腦脹

今天的數學作業裡有應用題，這是高斯最頭痛的題型，此時他正絞盡腦汁和這些題目戰鬥呢！

只見高斯一下子擦擦額頭上的汗珠，一下子又緊鎖眉頭，看來一定是被某道題目纏住了。

到底是什麼樣的題目，竟讓高斯陷入苦思？原來是一道關於數量的問題：

> 一座農場裡，原本山羊比綿羊少200隻，後來山羊的數目增加50隻，此時綿羊數目是山羊的2倍，請問原本綿羊和山羊各有多少隻？

高斯一邊在計算紙上寫寫畫畫，嘴裡還念念有詞：「綿羊的數量比山羊的數量多200。山羊加50隻之後是綿羊的。一半山羊加50隻之後比綿羊少150……」

坐在隔壁的李小白終於受不了了，她不耐煩地對高斯大喊：「高斯，你是在做數學題，還是在學老和尚念經？你念得我頭都暈了！」

「李小白，你真沒有同情心，我已經跟這題大戰三百回合了，但還是看不懂。你就不能體諒我一下嗎？」高斯哀怨地

說。

李小白探頭看向高斯的作業本，誇張地說：「我還以為是多難的題目呢，原來就是這題啊！」

「這題怎麼啦？這題很難的！出現了好多數量關係，都讓我頭暈了。」高斯不服氣地嚷嚷著。

「高斯，你平常不是挺聰明的，怎麼現在這麼糊塗呢？這些數量關係，你愈念就會愈混淆，但如果你畫個線段圖表示出來，不就一目了然了嗎？」

多多老師分析
如何用線段來說「畫」？

聰明的高斯也被數量關係弄糊塗了，小朋友你在做應用題的時候，有沒有遇過這種情況呢？

如果你也被數量關係弄得暈頭轉向，那麼多多老師告訴你一個理清數量關係的好方法，就跟李小白說得一樣──畫線段圖表示數量關係。

就拿高斯遇到的這題來說吧，繞口令般的題目，只要畫出線段圖，一切就清楚了！

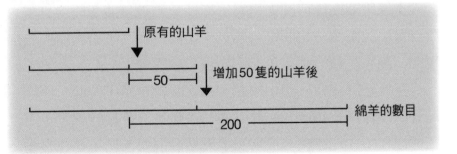

❶ **畫出線段：** 如圖所示，第一個圖是山羊原來的數目，第二個圖是山羊增加50隻後的數目，第三個圖是綿羊的數目。

❷ **列式：** 如果把山羊的數目設為x，那麼第二個圖的數目就是x＋50，第三個圖的數目就是x＋200，而根據題目中的條件，第三個圖是第二個圖的兩倍。所以可以這樣列等式：2（x＋50）＝x＋200

❸ **求解：** 這樣一來，就可以算出x的數目是100，也就是說山羊原本的數目是100，而綿羊的數目是300。

其實就像這題一樣，很多應用題的解題訣竅就在數量關係，只要把數量關係弄清楚，題目的邏輯就清楚了。

我們在梳理數量關係的時候，可以利用圖表或者線段，把抽象的數量關係以具體圖形展示出來，就能讓我們一眼看出彼此的關係。

Tip▶ 畫線段圖的注意事項與附帶功能

（1）簡單線段不隨便，輕鬆幾筆抓住題意

畫線段圖或任何圖表是為了把抽象的數量關係變得具體，所以畫出的圖像一定要符合題目中給出的條件，否則線段若出現的一點小差錯，都有可能影響我們解題喔！

多多老師認識一個小學生，畫圖時總是漫不經心，例如：A是B的兩倍，這個小學生卻畫了兩條差不多長的線段，而且在標注A和B的時候，讓兩個字母靠得很近，結果他在答題時

就把兩條線段弄混、關係式也列反了，所以答案錯得離譜。

　　小朋友，你希望和這個小學生犯同樣的錯誤嗎？肯定不希望吧！所以，我們一定要嚴格按照題目中給出的條件畫圖，盡量做到一眼就能看出誰大誰小，以及它們之間的數量關係。

　　那麼要怎樣才能把圖畫得清楚呢？多多老師建議畫圖之前先準備好直尺、圓規等畫圖工具，並把桌面清理乾淨。

　　線段或者直線一定要畫得筆直，圓形、三角形等圖形的弧線與稜角也一定要整齊且明顯，同時題目中的數量關係一定要跟線段或者圖表對應。只有做到以上幾點，畫出來的內容才會幫你理解題意。

（2）用圖像觸發聯想，開拓更多解題活路

　　你相信畫圖還可以刺激我們想出更多解法，甚至做到一題多解嗎？確實可以喔！例如以下這題：

　　工廠有 1800 噸的鋼材，用汽車花了 10 天運走全部的 $\frac{5}{9}$，照這樣計算，還需要幾天才能把其餘鋼材運完？

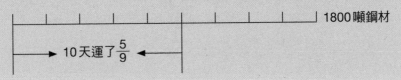

　　一個小學生在做這題的時候，剛開始只想到一種作法，即用 $1800 \times \frac{5}{9} = 1000$（噸），然後算出一天可以運多少噸（$1000 \div 10 = 100$），最後用剩餘的噸數除以每天可以運的噸數，即：$(1800 - 1000) \div 100 = 8$（天）。

但是畫出圖之後，根據圖中的提示，他的腦海中突然出現了另外一種解題方法：

◆ **轉念**：10天運了 $\frac{5}{9}$，每天運的噸數一樣，問剩下的需要的天數，就可以理解為：5份運了10天，那麼4份需要運多少天？

◆ **求解**：兩份總量的比例關係為5：4，所以所需天數的比例關係也是5：4，因此運4份所需的天數是：$10 \times \frac{4}{5} = 8$（天）。

根據線段圖，這個學生想出一種更簡單的方法。而我們解題時也可以像這個小學生一樣，透過分析線段或者圖表，多想幾種解法，把圖表或者線段的作用發揮到極致。

畫線段圖解應用題的關鍵

◎線段簡便但不該隨便，輕鬆幾筆就抓準題意。
◎用圖像觸發聯想，開拓更多解題活路。

多多老師考考你

❶ 某家養兔場養的白兔比黑兔多 120 隻，黑兔的
數量是白兔的 $\frac{2}{3}$，問這個養兔場共養了多少隻白
兔？

❷ 一筐鮮魚連同竹筐重量共重 56 公斤，先賣出鮮
魚的一半，再賣出剩下的一半，這時加上竹筐
還重 17 公斤，請問原本這筐鮮魚重多少公斤？

**解答請參見 p.259

招式 2 分層法
如同剝洋蔥，一層一層直達題目核心

廚房裡的數學課 ▶ 高斯的眼淚沒有白流

數學考卷發下來了，高斯看著慘不忍睹的分數，決定先向媽媽坦白認罪，或許媽媽會因為他的態度良好，就心軟放過他。

回到家，高斯看到媽媽正在做飯，就主動走到媽媽身邊，十分悲壯地說：「媽媽，我這次數學考試又搞砸了，應用題全軍覆沒。」

「什麼？」媽媽倒抽一口涼氣，說：「把你的考卷拿給我看。」

高斯把皺巴巴的考卷拿給媽媽，然後低頭等著挨罵。

「這些應用題對你來說，真的那麼難嗎？如果你認真思考，媽媽不相信你做不出來。」媽媽看完考卷語重心長地對高斯說。

「真的很難啊！媽媽你看這題，剛開始說小筐，後來小筐、大筐一起出現，再後來又問什麼大筐，我都被題目弄糊塗了。」高斯指著其中一題委屈地說。

媽媽一看，這題是這樣的：

> 果園採收蘋果，如果用小筐裝，每小筐裝 24 斤，

正好需要裝 28 筐。現在用小筐和大筐一起裝，先用小筐裝 16 筐，然後用大筐裝，每個大筐裝 32 斤，請問需要多少個大筐？

看完題目後，媽媽沒說話，而是拿出一個洋蔥對高斯說：「把它剝開。」

高斯一頭霧水，想說解題和剝洋蔥有什麼關係呢？但他不敢違抗媽媽的命令，所以老實地接過洋蔥開始剝。可是洋蔥哪有那麼好剝呢？高斯用指甲賣力地摳，卻連最上層都沒剝開，但眼睛已經被洋蔥熏得紅通通，眼淚嘩啦嘩啦地流出來！

「知道你為什麼剝不開洋蔥嗎？因為你沒有按照洋蔥的紋路規律去剝。」媽媽接過洋蔥，按照洋蔥的紋理一層一層地剝，很快就把整個洋蔥剝完了。

「同樣的道理，答應用題也應該按照題目的條件，一層一層去做。」說完，媽媽拿出紙和筆，把整道應用題分為三層，一層一層地分解。

看完媽媽的分析，高斯恍然大悟，擦擦眼淚恍然大悟地說：「媽媽你說得對，解應用題和剝洋蔥一樣，應該要按照內在規律，分層去做。」

多多老師分析

要怎麼像剝洋蔥一樣分析題目？

高斯的媽媽把剝洋蔥和解應用題結合起來，是多麼新穎的

方法啊！而且這個方法真的非常實用哦。

　　就拿困住高斯的這題來說，題目給的條件十分混亂，但是如果按照條件把題目分為三層，就會變得很清楚。高斯的媽媽是這樣做的：

❶ **先算出所有蘋果的重量。**

　　$24 \times 28 = 672$（斤）

❷ **算出大筐小筐一起裝時，小筐裝了多少。**

　　$16 \times 24 = 384$（斤）

❸ **算出需用多少大筐。**

　　$(672 - 384) \div 32 = 9$（個）

　　小朋友，你知道嗎？很多應用題其實並不難。你之所以會覺得它們難，是因為已知條件之間的關係乍看之下很複雜，但如果你像剝洋蔥一樣一層層去分析，那些關係就會變得清晰又簡單。當已知條件變清楚了，解應用題當然就輕而易舉了。

Tip▶ 洋蔥題的2種常見剝法

（1）漸進式分層：逐步算出題目中隱含的已知條件

　　漸進分層就是順著題目敘述的順序來分層，分一層、解一層，直到可以把答案算出來為止。

　　例如，有一題是這樣的：

甲乙兩個工人同時裝訂圖書，10分鐘後，甲工人裝訂了120本，乙工人裝訂了80本。兩人要合作裝訂1800本，請問要花多少時間？

**解答請參見p.259

要將這題分層，首先我們要先掌握好「時間、總量、速率」間的關係為「時間＝總量÷速率」。

若想知道兩人合作用了多少時間，我們要先知道兩人的速率之和是多少；而要知道兩人的速率之和，就要先知道兩人的速度分別是多少。

所以，解開這題的第一步就是根據「速率＝總數÷時間」，先算出兩人的速率各是多少，然後根據速度、時間和總數的關係式得出結果。

（2）平行式分層：將一個複雜的大題拆為數個簡單小題

分層法其實就是對應用題做手術，一步步地解剖，化繁為簡。因此在做某些複雜應用題的時候，我們可以把一個複雜的題目分解為幾個簡單的題目。例如這題：

某工廠原計畫在25天內製造出75台機器，後來由於技術進步，每天實際上可以製造5台機器，那麼按照這個速度製造240台機器，請問可以比原計畫提前多少天完成？

根據問題，我們可以看出：若想知道實際比原計畫提前多少天，首先要知道實際用了多少天、原計畫用了多少天。

我們可以把這道題目，平行分解成兩個相對簡單的問題：

❶ **原本計畫這個工廠25天內可以製造75台機器，請問如果製造240台機器，預計需要用多少天？**

第一層，求每天製造多少台機器：$75 \div 25 = 3$（台）；

第二層，製造240台機器所用的天數是：$240 \div 3 = 80$（天）。

❷ **這個工廠實際上每天可以製造5台機器，請問如果要製造240台機器，需要用多少天？**

$240 \div 5 = 48$（天）。

回到原本的題目：實際上可比原計畫提前多少天？

把兩題的結果整合，可以得出提前的天數是：$80 - 48 = 32$（天）。

運用分層法的訣竅

◎ 漸進分層：逐步把題目中隱含的已知條件都計算出來。
◎ 平行分層：把複雜的應用題分解成幾個簡單的小題。

多多老師考考你

有一項工程，甲單獨做要花 12 天完成，乙單獨做需 20 天完成。現在甲先做 4 天，剩下的由甲乙合作，還需要幾天？

**解答請參見 p.259

逆推法
從結論打回原形，不怕題目七十二變

點心時間 答對才有冰淇淋

　　高斯剛打完球，滿頭大汗地跑回家，回家第一件事就是打開冰箱，拿出一盒冰淇淋準備大快朵頤。

　　可是高斯才剛把冰淇淋的包裝撕開，媽媽不知何時已經走到身邊，一把按住他的手說：「高斯，你先不要只顧著吃，媽媽有個問題要考你，答對才能吃冰淇淋。」

　　「沒問題，你隨便考吧。」高斯毫不擔心地說。

　　「聽好囉，題目是這樣。」媽媽清了清喉嚨，開始出題：

> 冰箱裡有一些冰淇淋，早上的時候爸爸吃了 2 盒，媽媽吃了 1 盒；下午的時候爸爸又買了一些冰淇淋，數量正好是冰箱裡冰淇淋數目的一半。
>
> 沒過多久，隔壁家的小朋友們過來做客，我就拿出冰箱裡一半的冰淇淋給他們吃，而我自己也吃了一盒。現在冰箱裡還剩下 8 盒冰淇淋，請問早上冰箱裡原有多少盒呢？

　　「太簡單了，我列個方程式就可以！先把原本的冰淇淋數設為 x……」高斯興高采烈地列出了方程式，就埋頭開始解題。

可是半天過去了，高斯算啊算，還是沒能把答案算出來。高斯覺得這個方程式實在太難了！已經遠遠超出了學校教過的範圍。

「媽媽，這題太難了……你是不是不想讓我吃冰淇淋，所以故意為難我？」高斯哭喪著臉說。

「當然不是，媽媽是為了鍛鍊你的思考能力才出這題的。你只想到了從前往後算，為什麼不試試看從後往前推導呢？」媽媽說。

「從後往前算可以把這題做出來嗎？那我來試試看！」高斯半信半疑地說。過沒多久，高斯大聲地宣佈答案：「冰箱裡原有15盒冰淇淋！」

 多多老師分析

如何從已知的結果往回推算？

看到「從後往前算」這種方法，你是不是和高斯一樣吃驚？

沒錯，按照我們習慣的思考方式，數學題通常是從前往後，一步步緊跟著條件變化計算的，怎會有從後往前算的呢？

但如果遇到**已知條件一直在變**，而原本的**數字也隨著條件改變**，那會導致往後推導的過程變得非常繁瑣。這時，若往前推算將容易許多。

就像高斯媽媽出的那題，逆推過程是這樣的：

❶ 根據題目中**最後的條件**「媽媽吃了1盒」，所以用剩下的8盒加上1盒，是9盒。

❷ **倒數第二個條件**是「鄰居小朋友吃了一半冰淇淋」，因此剩下的9盒冰淇淋就是那剩下的一半，用9乘以2，得到18個，而這18盒就是買回新的冰淇淋之後冰箱裡所有的冰淇淋。

但是根據**倒數第三個條件**，「新買的冰淇淋是原有冰淇淋的一半」，所以這18盒冰淇淋可以分成三份，一份是新買的，兩份是冰箱裡原有的，也就是 $18 \times \dfrac{2}{3} = 12$（個）。

❸ **最後根據前兩個條件**，「爸爸吃了2盒，媽媽吃了1盒」，因此冰箱裡原有冰淇淋是 $12 + 2 + 1 = 15$（個）。

其實「逆推法」不僅是一種解題方法，更重要的是它能培養我們的「逆向思考」，讓我們在解題時的思考範圍更開闊呢。

Tip▶ 逆推法如何緊追條件變化，卻不迷路？

（1）緊追數字每一次的條件變化

雖然逆推法用起來似乎新穎有趣，但是多多老師要告訴你：好用的逆推法，有時候卻也不好用。怎麼說呢？

說「好用」是因為逆推法運用反向思考，可以把繁瑣的條

件變化變得清晰具體；說「不好用」則是因為在解題的過程中，只會誤解一個題意，或者忽視一個變化過程，那麼整個推算過程都會出錯，答案也就錯了。例如這題：

某部隊行軍第一天走了全程的 $\frac{1}{6}$，第二天又走了剩下的 $\frac{1}{4}$，第三天走了60公里，最後還剩60公里，請問部隊的行軍全程是多少公里？

這題可以從每天剩下的路程往回推算，過程如下：

❶ **第二天走完後剩下的路程**：60＋60＝120（公里）。

❷ **第一天走完後剩下的路程**：根據條件可知，第二天的行程是第一天剩下的 $\frac{1}{4}$，也就是說第一天走完後，剩下的行程分成4份，第二天走完1份，還剩下3份，這剩下3份就是120公里。

用 $120 \div \frac{3}{4} = 160$（公里），得知第一天剩下的距離。

❸ **全程**：第一天走了全程的 $\frac{1}{6}$，意思是把全程分為6份，第一天的行程占1份，後面的行程占5份。

所以用 $160 \div \frac{5}{6} = 192$(公里)，算出全程為192公里。

有些小學生在做這題時，因為無法理解題目前兩句的意思，因此不會根據「條件的變化」和「分數的性質」把行程分為數份，結果他們的推算過程漏洞百出，就算錯答案了。

我們在解題時要盡量避免犯同樣的錯誤，**在審題的時候，**

一定要正確地理解條件的變化，並懂得如何翻轉。例如：由前往後算要乘以3，那由後往前算就是除以3。

（2）清楚敘述推理過程，否則連自己都被誤導了！

如果說解答應用題只需要把解題步驟寫出來就可以，那麼逆向思考則向我們提供了另外一種答題方式，即「敘述加解題過程」。

逆向思考跟其他的思考方式不同，在於逆向思考是用最後的結果推算最初的數字，因此在解題的過程中，把整個推理過程清晰合理地敘述出來是非常重要的。

有些小朋友心裡明白該怎樣從後往前推，但是卻不會用文字表達出來，或者表達的時候邏輯混亂，甚至出現了完全相反的敘述。這些敘述一方面會干擾我們的思考過程，另一方面也會影響我們的分數。

所以，在運用逆推法解題的時候，一定要把解題和思考過程正確地表達出來，例如：**先把自己推算的條件簡單寫出來，或根據條件的先後順序來分層次敘述等**。這樣就能幫助你在逆推的過程中不迷路，也讓別人看得懂你的推理過程喔！

 多多老師考考你

小明算一道加法題時，把被加數的個位上的 8 看成 9，又把加數十位上的 8 看成 3，結果得到兩數之和是 239，請問正確答案應是多少？

**解答請參見 p.259

假設法
題目太多未知條件？那就自己設情境

李小白也被考倒 ▶ **英格力才是數學小天才？**

放學鐘聲已經響了，大家都收拾書包往教室外走。英格力和高斯約好了放學後去打球，所以英格力收完東西後去找高斯，但高斯正忙著和李小白鬥嘴呢！他根本沒注意到英格力。

「李小白，做不出來就算了，我也不會做。明天聽老師解說不就清楚了嗎？」高斯說。

「再給我兩分鐘的時間，我李小白可從沒怕過數學！」李小白捲起袖子，緊握著筆，用力瞪著題目說。

「原來李小白也會吹牛啊，哈哈！」高斯大笑著說。

「唉，如果哪天他們不鬥嘴了，那一定是太陽從西邊出來了。」英格力忍不住為他們嘆口氣，然後從高斯的桌上拿起他的習作，看到了這題：

> 某農具製造廠製造一批工具，原本計畫用 18 天完成，但實際上每天比計畫多製造 50 件，照這樣做了 12 天，就超過原計畫產量 240 件。請問這批農具原本計畫製造多少件呢？

英格力看著這題陷入了沉思，幾分鐘過後，高斯和李小白還在鬥嘴，英格力的一句話卻像一道驚雷落在兩人耳邊。

「這題很簡單啊。」英格力搔搔頭說。

「什麼？」高斯和李小白同時張大嘴驚呼。這題高斯和李小白研究了很久都沒想出來，數學一向不好的英格力竟然說簡單，高斯簡直不敢相信自己的耳朵。

「你們看，根據這題的條件，我們可以做這樣的假設……」英格力指著這題滔滔不絕地講解著。

等英格力講完，李小白和高斯的表情由詫異變成了敬佩。他們沒想到，英格力雖然成績不好，可是關鍵時刻的靈光一閃還真有用。

多多老師分析

生活中的假設法，可以套用到數學？

英格力是用什麼方法解出這題呢？為什麼李小白和高斯沒有想到這樣的方法呢？其實這個方法對於小學生來說，既熟悉又陌生，它就是假設法。

我們在日常生活中經常會用到假設法，卻很少想到它還能用來解決應用題。那該怎麼用假設法解決應用題呢？如果你也有這樣的疑惑，就先看看英格力如何用假設法解開這題吧！

因為不知道農具製造廠原本計畫每天製造多少件，也不知道實際每天製造多少件，所以要知道原本計畫製造多少件並不容易，但是我們可以根據條件做個假設：

❶ **先假設原計畫製造天數，再假設多做的件數：**根據題目

可知，「原本計畫18天完成」，因此我們先可以假設實際生產了18天，那麼按照題目的條件，「實際每天比計畫多製造50件」來計算的話，應該比原本計畫產量多製造：50×18＝900（件）。

❷ **根據題目條件，算出實際情況和假設情境的落差：**依照題目，製造12天，就比原計畫多製造240件，這樣一來，我們就可以這樣列算式：900－240＝660（件），就是說按照實際每天多製造的件數計算，6天可以製造農具660件。

❸ **藉由落差，算出每天實際產量：**我們可以從這兩個相差數中，算出每天實際製造的件數是：660÷6＝110（件），那麼12天內實際製造的件數就是12×110＝1320（件），而原計畫製造的件數就是：1320－240＝1080（件）。

看！做假設其實就是把本來不知道的條件當作已經知道的條件，然後根據自己的假設和題目中給出的條件，得出結果。只要多一個條件，問題就變得容易一點。

Tip▶ 如何運用假設法創造可能情境？

（1）用誰來假設？先找「可對比的條件」

多多老師發現不少小學生在課堂上很快就掌握了假設法，但是一到了寫作業的時候，少了老師指導，這些小學生就不知從何下手，這是為什麼呢？

根據多多老師的經驗，這些小學生之所以不會獨立解題，是因為他們不知道應該根據哪個條件進行假設，例如這題：

> 某個工廠有女工和男工共 40 人，男工每分鐘可以裝配 3 個零件，女工每分鐘平均裝配 1.5 個零件。男女工人 5 分鐘一共裝配了 435 個零件，請問男女工人各裝配多少個零件？
>
> **解答請參見 p.260

解答這題時，可以做出兩種假設，看看若改成「全由男生做」或是「全由女生做」，到底會跟題目中的實際情況落差多少。因此第一種是假設所有人每分鐘裝配 3 個零件；第二種是假設所有人每分鐘裝配 1.5 個零件。

這兩種假設都可以把這題解開，但是有些學生在做這道題的時候，卻不知道如何假設，感覺無從下手。

其實，通常題目中「可以對比的已知條件」，就是設立假設的關鍵條件。就像英格力那題裡的「計畫與實際情況」，或是後面這題的「男工與女工」。

（2）假設之後怎麼解？關鍵是算出誤差

有些小學生剛開始學假設法的時候，常提出這樣的問題：明明是不存在的情況，如果假設它存在，那不就跟實際情況不符了嗎？

關於這個問題，多多老師想說的是，**假設法就是要把不存在的情況變成存在的情況，然後根據產生的誤差求出解答。**

例如這題：

四年級有 52 個學生，到公園划船共租用 11 條船，
已知大船可以乘坐 6 人，小船坐 4 人，剛好坐滿時，
請問租用的大船、小船各是多少條？

這題的解法應該先假設租的「全是大船」或者「全是小船」，再利用假設情況和實際情況的數量差進行求解。

❶ **假設租的都是大船：** 那麼 11 條大船可以坐 $11 \times 6 = 66$
（人）。

❷ **對比實際情況：** 實際總人數只有 52 人，多出 14 人。

❸ **透過兩者落差求解：** 多出來的 14 人是怎麼來的呢？這
是因為有一部分學生乘坐的是小船，小船只能乘坐 4
人，**但在假設情況下把小船當作大船算，每船多算了**
$6 - 4 = 2$（個），所以用 $14 \div 2 = 7$，就可以算出租用
的小船數量是 7 條，那麼大船就是 $11 - 7 = 4$（條）。

有些小學生成功進行假設，卻不知 14 這個數字是怎麼來
的，導致後面的計算無從算起，如此一來當然算不出正確答
案。

運用假設法的訣竅

◎可以對比的條件，通常就是建立假設的關鍵。
◎找出假設情況與實際情況之間的誤差。

多多老師考考你

某物流公司為商店運送 1000 個玻璃杯，雙方約定每個運費是 1 元，但如果打碎一個，不僅不給運費，還要賠償 4 元。運送後，該物流公司共得到運費 890 元，請問運送過程中共打碎了多少個玻璃杯？

**解答請參見 p.260

代替法
精簡未知數！「靠關係」抽換問題

兩人的獨處時間 ▶ **李小白，別再欺負高斯啦！**

放學鈴聲響過後，大家都離開了教室，只剩下李小白和高斯兩人還坐在座位上埋頭寫著什麼。

這是怎麼一回事呢？原來是新學期開始了，老師為了讓大家下課多運動，所以用班費買了些體育器材。現在高斯和李小白按照老師的吩咐紀錄，由李小白清點數量，而高斯負責動筆。

「告訴我總共買了多少皮球、多少跳繩，以及每個單價多少。」高斯一邊看著本子，一邊頭也不抬地說。

「哼，真大牌。」李小白在心裡不滿地想。突然，她靈機一動決定考考高斯，於是對高斯說：

老師總共買了 6 顆皮球，9 根跳繩。1 顆皮球的價錢可以買 3 根跳繩，共花了 540 元，你自己推算皮球、跳繩各多少錢。

高斯的筆停在半空中，看著李小白說：「你是不是故意不告訴我？」

「看來你數學不夠好啊，算了，如果你算不出來，我就直接把價錢告訴你吧。」李小白故意誇張地嘆口氣。

「等等，誰說我算不出來？給我兩分鐘的時間，我一定把皮球和跳繩的單價都算出來。」高斯賭氣似地說。

可是，一分鐘過去了，兩分鐘過去了，三分鐘後都過去了……高斯從亂糟糟的計算紙中抬頭，沮喪地說：「根本就算不出來。」

「怎麼樣？認輸了吧？這題真的能算出來的，只是你的方法不對。」李小白得意地拿起自己的筆，迅速在計算紙上寫下幾個步驟。

高斯眼睛一亮，驚呼：「原來還可以這樣解啊！」

多多老師分析

未知數愈少，需要的條件就愈少！

李小白到底在計算紙上寫了什麼步驟，讓高斯這麼驚訝呢？

其實面對這類題型，首先要做的就是減少問題。以李小白出給高斯的這題為例，若要同時答出皮球和跳繩的單價，必須知道更多條件。

然而，題目中給的條件並不多，那麼我們最好把兩個未知數簡化成一個未知數，因為**當未知數愈少，需要的條件就愈少，解題的過程也愈簡單。**

李小白的作法：

❶ **將數量關係整理為表格**：首先，根據題目中「1顆皮球的價錢可以買3根跳繩」的條件可以繼續推論「2個皮球可以買6根跳繩」、「3個皮球可以買9根跳繩」……，因此可以列出這樣一個表格：

皮球數量	1	2	3	4	5	6	……
跳繩數量	3	6	9	12	15	18	……

❷ **將皮球數量換算成跳繩數量，先算出跳繩單價**：從表中可以看出，6顆皮球可以買18根跳繩，所以我們可以用18根跳繩代替6顆皮球，這樣6顆皮球和9根跳繩就相當於買了18＋9＝27根跳繩。

也就是說27根跳繩共用了540元，那麼跳繩的單價就是540÷27＝20（元）。

❸ **從跳繩單價換算皮球單價**：三根跳繩的價錢是20×3＝60（元），也就是皮球的單價。

李小白用的方法就是代替法，也就是**根據題目中的數量關係，把一種物品用另一種物品代替，把兩個未知數簡化成一個未知數**，從而讓問題變得簡單。

其實，代替法可以應用到很多種應用題中，但是這種方法在使用的時候有些細節需要注意喔！

Tip ▶ 代替法如何減少未知數？

（1）使用替身的第一步：先確認兩者間的數量關係

　　代替法就是用一種物品代替另一種物品，讓整道題目只出現一個物品，也就是一個未知數，這樣問題就變得簡單了。

　　代替法非常實用，可是在你使用代替法之前，多多老師不得不提醒你要注意一個關鍵細節，那就是**根據題意，確定兩種物品之間的數量關係**。例如這題：

> 食堂買了 4 袋米和 5 袋麵粉，一共重 325 公斤，已知一袋麵粉的重量是米的 $\frac{1}{2}$，請問米和麵粉各重多少公斤？
>
> ** 解答請參見 p.260

　　要解決這個問題，可以用米代替麵粉，或是用麵粉代替米。最重要的是，在代替的時候，要弄清兩者間的數量關係。

　　有些學生在處理這些數量關係的時候，把關係顛倒了，那麼做出的答案當然就南轅北轍了。

其實很簡單的

米？麵粉？
關係好亂呀

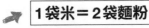
1袋米＝2袋麵粉

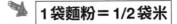
1袋麵粉＝1/2袋米

（2）該怎麼替換呢？等量代替是前提

代替法並不是隨心所欲的替換。在運用代替法的時候，一定要堅守一個原則：**「代替者」和「被代替者」一定要是等量的關係。如果不等量，那麼就運用數學原理將兩者轉化成等量的關係。**

以下這題就展現了「等量代替」的重要性：

> 4公斤蘋果和5公斤香蕉一共要付230元，8公斤蘋果和7公斤香蕉一共要付370元，請問一公斤蘋果和一公斤香蕉各要多少元？

第一眼看到這類題目時，你有什麼感覺呢？是不是覺得這題的代替關係不夠明確，不能使用代替法？

其實，這題我們可以這樣做：

❶ **先把所有價格單位都換成香蕉**：根據條件「4公斤蘋果和5公斤香蕉一共要付230元」，可以把條件中的三個量都擴大兩倍，也就是同時乘以2，變成「8公斤蘋果和10公斤香蕉一共要付230×2＝460（元）」，而8公斤蘋果的錢＝460－10公斤香蕉的錢。

❷ **解方程式算香蕉價格**：根據條件「8公斤蘋果和7公斤香蕉一共要付370元」，所以把「8公斤蘋果」的金額用「460－10公斤香蕉」的費用來代替。據此可以列算式如下，算出香蕉每公斤單價：（460－370）÷(10－7)＝30（元）。

❸**將香蕉價格代入，算出蘋果價格**：因為香蕉是30元1
公斤，那麼4公斤蘋果的價錢就是：$230 - 30 \times 5 = 80$
（元），1公斤蘋果的價錢是：$80 \div 4 = 20$（元）。

　　代替法並不是盲目的代替，一定是等量之間的代替，所以
在做應用題的時候，如果想用代替法，一定要把數量之間的關
係轉換成等量，只有這樣才能理出正確的數量關係。

（3）把數量關係畫成表格，輕鬆代入好清楚

　　如果數量關係複雜該怎麼辦呢？別著急，多多老師告訴
你一個弄清數量關係的小祕訣：把數量關係做成表格，根據題
意就可以直接代入。

　　這是為什麼呢？因為某些題目的數量關係很複雜，涉及
到乘法、除法等等。因此，在答題的時候，根據題目中的條
件，製作一個表格，把需要轉化的數量關係填進去，就能一眼
看清代替者和被代替者的數量關係，並列出正確算式嘍！

小明買 45 斤蘿蔔和 32 斤白菜共花了 228 元，買 8 斤白菜的錢可以買 3 斤蘿蔔，請問白菜和蘿蔔每斤各多少錢？

**解答請參見 p.260

對應法
題目就是答案，放大縮小找關係

男女大對決 ▶ 誰更擅長分糖果？

　　週末到了，育幼院裡充滿了歡聲笑語，原來是高斯和班上的幾個同學來這裡做義工，跟大家一起玩耍。

　　「高斯，你們男生負責把房間打掃乾淨，我們女生負責給小朋友發糖果。」李小白有條不紊地指揮著。

　　「為什麼我們男生就要打掃房間，而你們女生的任務卻這麼輕鬆？」英格力不滿地抗議道。

　　「對呀，現代社會強調男女平等，你這麼安排有歧視男生的嫌疑。」高斯雙手扠腰，儼然一位小大人。

　　「你們男生力氣大，應該負責體力活，而女生頭腦靈活，就負責腦力激盪。我這樣安排是有科學根據的。」李小白振振有詞地反駁。

　　「我們男生的頭腦也很靈活，也可以負責動腦啊！」聽了李小白的話，高斯立刻高聲回應，男生們紛紛點頭表示贊同。

　　「好吧，那我問你們一個跟分糖果有關的問題，如果你們男生能回答出來，就讓你們給小朋友分糖果，而我們女生打掃衛生。」李小白說完，臉上還掛著神祕的笑容。

　　「好啊，快問吧。」男生紛紛嚷道，李小白立刻說出題目：

> 分糖果給小朋友們時，若每人分 6 顆，則少 22 顆；
> 若每人分 5 顆，則多 14 顆。請問有多少小朋友？
> 糖果有多少顆？

　　李小白說完問題，男生就聚在一起討論，還特別拿出筆和紙寫寫畫畫，可是過了很長的時間，男生們還是沒有算出來。

　　高斯咳了兩聲，故作大方地說：「算了，我們男生大肚能容，就不跟你們女生計較了，分糖果的任務就讓給你們吧。」

　　女生一聽這話都笑了，李小白對他們做了個鬼臉，說：「做不出來就承認吧，反正你也是我的手下敗將。」

　　高斯一臉不服氣，可是能有什麼辦法呢？因為這題太難了，他真的做不出來啊！

 多多老師分析

列出不同項目，比出變化的對應關係

　　李小白說的這題，其實我們只要仔細分析一下，就能發現題目的條件已經告訴我們解決方法，那就是要運用「對應關係」。

　　什麼是對應關係呢？如果你對此也感到一頭霧水，那麼不要著急，讓多多老師為你解釋吧！

　　根據條件，我們可以看出每個小朋友分到的顆數與所需糖果的顆數是有對應關係的，正如條件所說：「*每人分6顆，則少22顆，每人分5顆，則多14顆*」。

據此，我們可以列出下面的對應關係式：

◆**對應關係：**每人分6顆→少22顆，每人分5顆→多14顆。

6－5＝1（人）；22＋14＝36（顆）。

◆**分析：**從上面的幾個算式中，我們可以清楚地看出，每個小朋友少分了一顆，糖果的數目就從少22顆變成多14顆，中間相差36顆，所以，**小朋友的人數是：36÷1＝36（人）**。

求出小朋友的數目是36之後，根據「每人分6顆，則少22顆」的條件，算出**糖果的總數是：6×36－22＝194（顆）**。

上面的解題過程就是運用了對應法，**運用對應法的關鍵是找出合適正確的對應關係。**

Tip▶ 對應法的練習方向

（1）上手第一步：找出對應關係

使用對應法最基礎也是最關鍵的竅門是什麼呢？答案就是**找出各個數量的對應關係。**

多多老師認識一個小學生，在剛開始使用對應法的時候總是出錯，原因就在於他在解題的時候容易把對應關係弄混。

後來，為了準確找出題目的對應關係，他想了一個很好的方法，那就是針對對應關係做專門的特訓。例如在他的筆記本上有這麼一題：

五年一班去公園租小船，每船坐4人，那麼有10人坐不上去；改租同樣數目的大船，每船坐6人，那麼正好可以坐滿。請問小船的數量和班級的人數是多少？

要求：用線段把每個條件跟與之對應的數量關係連接起來。

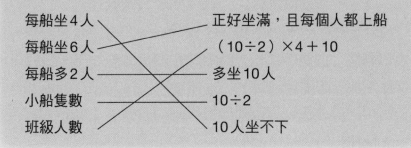

每船坐4人　　　　　　正好坐滿，且每個人都上船
每船坐6人　　　　　　（10÷2）×4＋10
每船多2人　　　　　　多坐10人
小船隻數　　　　　　　10÷2
班級人數　　　　　　　10人坐不下

經過一段時間的特訓，這個小學生終於能輕易地分辨出正確的對應關係，答題的正確率也提高許多。

（2）動筆列出對應表，清楚展現數量關係

有些小學生在學對應法時會遇到一個問題，就是一旦題目中包含許多條件，就很容易把各個條件弄混，所以把對應關係也弄混了。

那麼遇到這種情況該怎麼辦呢？不用害怕，多多老師教你一個對付複雜應用題的小訣竅：**列個對應表，把所有條件都列出來**。例如下面這題：

一個容器裡已經裝了 $\frac{2}{5}$ 的水，有人往裡面又倒了一些水，這時水量達到了 12 公升。這種情況下最多再裝 6 公升水，這個容器就裝滿了。請問這個人往容器裡倒了多少水？這個容器最多能裝多少公升的水呢？

很多學生首次看到這道題的時候，第一反應就是這道題目條件太多，很難準確地找出它們之間的對應關係。

但其實面對這類條件較多、含有分數的應用題，我們可以列幾個表格，把條件和相對應的數量關係梳理一下，這樣再多的條件都能一眼看清。

例如針對這題，可以列出這樣兩個表格：

◆**條件：**

第一次倒水量	總量的 $\frac{2}{5}$
第二次倒水後的總水量	12公升
剩餘可裝的水量	6公升

◆**結果：**

全部盛水量	$12 + 6$
第一次裝水量	$(12 + 6) \times \frac{2}{5}$
第二次倒入的水量	$12 - (12 + 6) \times \frac{2}{5}$

有了這兩個表格，就能把題目梳理得很清楚，我們也不會因為條件多就解不開它們的關係啦！

多多老師考考你

一個小學生讀一本小說，第一天讀了 35 頁，第二天讀了 40 頁，剩下的頁數占全書總頁數的 25%，請問這本書還剩下多少頁沒有讀？

**解答請參見 p.261

追蹤法

迎擊抽象敘述，就從最有特色的條件切入

陪媽媽打毛線 ▶ 找到線頭了！

　　媽媽坐在沙發上打毛衣，而高斯待在旁邊的書桌寫作業。房間裡很安靜，只有媽媽打毛衣的聲音，和高斯寫字的沙沙聲。

　　可惜這房間裡的寧靜安詳的氣氛很快就被高斯打破，因為他一邊解題，一邊咳聲嘆氣，鉛筆在計算紙上飛快地寫著什麼，過一下子，他又煩躁地把計算紙揉成一團，隨手扔到地上……

　　「高斯，你是不是又坐不住了？」媽媽頭也不抬地問。

　　「不是，我現在遇到了一個非常困難的問題，我正在和難題搏鬥呢。」高斯說。

　　媽媽走到高斯身邊，探頭看了高斯的習作，發現高斯正卡在這題：

> 甲乙兩個機器裝配小組，甲組有6人，乙組有8人，每組每人每天裝配的機器數是相同的，兩組同時工作3天，甲組比乙組少裝配12架機器，請問每組每人每天裝配多少架機器？

　　「你不會做這題嗎？」媽媽問道。

「這題我覺得看起來不難，可是讀了兩遍後卻不知道從哪裡下手。題目好像看得懂，又好像看不懂，每個條件看起來很清楚，可是又不是很清楚。」高斯像說繞口令一般把自己的困惑說出來。

　　「你的這種反應是正常的，」媽媽想了想後，又問高斯：「如果讓你打毛衣，你第一件事要做什麼？」

　　高斯茫然地搖搖頭。

　　「是把線團的線頭找出來。只有把線頭找出來，你才能把線團理清。這題也是同樣的道理，把題目中關鍵的已知條件找出來，才能找到解題的思路。」媽媽回答。

　　「關鍵的已知條件？」高斯盯著眼前的這題，陷入深思：「到底哪個才是關鍵條件呢？」

 多多老師分析

最突出的條件，經常就是解題關鍵

　　高斯的媽媽把解題比喻為打毛線，這會不會很奇怪呢？

　　可能你覺得這兩者沒什麼關係，可是打毛衣確實能為解應用題提供一些啟示。**因為某些應用題的某個已知條件具有非常鮮明的特點，而這種特點，往往可以成為我們解題的切入點，能引導我們繼續思考。**就像一個線團的線頭一樣，要想把線團理清，一定要先找到線頭。

　　例如高斯遇到的這題，關鍵的已知條件是什麼呢？這題又該如何抽絲剝繭呢？讓多多老師告訴你！

◆ **解題的關鍵條件：**每組每人每天裝配的機器數是相同的。

為什麼這句話是關鍵呢？因為這個條件會引導我們去思考：「既然每天的工作量是相同的，為什麼同樣工作3天，甲組會比乙組少裝配12架機器呢？」只要順著這條線索，我們就能去追蹤每人每天裝配多少機器。

◆ **透過關鍵條件進行推算：**根據「兩組同時工作3天」，我們可以推算出：甲組每天比乙組少裝配：$12 \div 3 = 4$（架）。

那為何甲組每天比乙組少裝配4架機器呢？因為題目告訴我們：「每人每天裝配的機器數是相同的」，因此造成工作量差距的就是人數之間的差距。

根據「甲組有6人，乙組有8人」共相差2人的條件，再加上剛得出「甲組每天比乙組少裝配4架機器」的結果，可以推導出：$4 \div 2 = 2$（架）。所以每人每天裝配2架機器。

　　追蹤題目中的關鍵條件，可以找到思考問題的切入點，引導我們進一步思考，最後把看似不相關的條件聯繫起來。因此在做這一類應用題的時候，要善於追蹤題目中的關鍵條件，從關鍵條件入手，就能找到解題思路！

Tip▶ 追蹤法要如何抓出題目關鍵？

（1）自我提問找疑點，揪出問題的線頭！

　　追蹤法的使用重點，當然就是找出關鍵條件。不過不少小學生曾經跟多多老師抱怨，他們使用追蹤法的時候，因為找不到關鍵條件，或者錯把普通條件當作關鍵條件，造成思考問題的切入點不對，就迷失在題目中不知道下一步該怎麼辦。

　　那要如何改善這種情況呢？多多老師告訴你一個小祕密：**在讀題目的時候，嘗試對自己提問**。例如這題：

> 小明原本計畫用 300 元，買 36 本大楷本和 8 枝毛筆，但實際上多買了 5 枝毛筆，一共付了 375 元，請問大楷本每本多少錢？

◆ **分析**：第一次讀到這題時，如果我們不知道哪個條件是關鍵條件，**那麼不妨根據題意試著自問自答：小明原本計畫花300元，最後卻花了375元，為什麼他會多花錢呢？那是因為他多買了5枝毛筆。**

　　經這樣一提問，我們就會發現多買5枝毛筆是這道題的關鍵，也是解決問題的切入點──正是因為多買了5枝毛筆，因此多花了錢。

◆ **毛筆的單價**：計算差額，375 － 300 ＝ 75（元），而這75元就是5枝毛筆的價錢，所以每枝毛筆的價錢就是：75÷5 ＝ 15（元）；8枝毛筆的價錢是：15×8 ＝ 120（元）。

◆**大楷本的單價**：36本大楷本的價錢是：$300 - 120 = 180$（元），而一本大楷本的價錢是：$180 \div 36 = 5$（元）。

看，在讀題的過程中，根據題意的轉折向自己提問，我們就能發現：究竟是什麼原因引起的轉折、哪個條件可以引導我們思考並解決問題。這樣一來，找到了關鍵條件，也就找到了解決這道問題的途徑。

（2）關鍵條件換句話說，一次對準問題的鑰匙孔

如果說「找到關鍵條件」是使用追蹤法的第一步，那麼「分析與轉化關鍵條件」可是使用追蹤法最關鍵的一步。

例如有些應用題，雖然能夠一眼看出關鍵條件，可是如果不能解析出條件中與問題對應的重點，那就像是找到鑰匙了，鑰匙卻對不準鑰匙孔一樣，依舊無法開鎖。

例如，這一題就具體展現了解析關鍵條件的重要性：

小明的爸爸買了兩個玩具給小明，但是爸爸在付款的時候，沒有看到其中一個玩具標價上個位數的0，於是付了95元。店員告訴爸爸這些錢不夠，應該付158元。請問這兩個玩具的價錢各是多少？

很多小學生第一次看到這題時，都直呼太難，根本無從下手，但是事實真的是如此嗎？用追蹤法分析一下，你就知道該怎麼做了。

❶ **找出題目中的關鍵條件：**這題的關鍵條件，毫無疑問應該是這個「沒有看到其中一個玩具標價上個位數的0」。

❷ **將奇怪的關鍵條件換個說法：**這個條件乍看下讓人摸不著頭緒，那麼我們不妨拋開這題的其他條件，單獨把這句話進行一下轉換，**想一下：有一個兩位數，個位數是0，把0擋住，那這個數變成了什麼？**

例如：把50中的0遮住，就變成了5；把60中的0遮住，變成了6⋯⋯**所以這個條件的意思就是爸爸把其中一個玩具的價錢縮小了10倍。**

❸ **簡化說明原本複雜的問題：**轉化條件的關鍵後，原本的題目可以換成這個說法：兩個數相加是158，把其中一個數除以10，再和另一個數相加是95。因此算式可以這麼列：

$$A \div 10 + B = 95 \quad \rightarrow \quad B = 95 - \frac{A}{10}$$

$$A + B = 158 \quad \rightarrow \quad A + 95 - \frac{A}{10} = 158$$

$$\rightarrow \quad \frac{9A}{10} + 95 = 158$$

$$\rightarrow \quad \frac{9A}{10} = 63$$

$$\rightarrow \quad A = 70 \ ; B = 88$$

追蹤法的運用關鍵

◎利用自我提問找出疑點，
　揪出問題的線頭。
◎解析關鍵條件並轉化，一
　次對準問題的鑰匙孔。

多多老師考考你

一個文具廠，第一天共生產了 720 套文具，是第二天產量的 $\frac{4}{5}$，而第三天的產量比第二天多 $\frac{1}{6}$。已知機器每小時製造的商品量是固定的，而且第三天比第一天多生產 3 小時，請問每小時生產多少套文具？

**解答請參見p.261

招式 8 解構法
層層答案來接力，破解複合應用題

看不懂題目 ▶ 英格力上輩子得罪數學老師？

數學自習課的下課鈴聲剛響完，英格力就把手中的筆一扔，然後一手托腮，像是電視裡不得志的英雄一樣，故作悲憤地長嘆了一口氣。

「英格力，你怎麼了？」坐在英格力前排的高斯關心地問。

「唉，我覺得我上輩子一定得罪了很多人，所以這輩子那些人都變成出題老師來折磨我。」英格力感慨地說。

「嘻嘻……」高斯還來不及說什麼，李小白就先笑出了聲說：「英格力，你別自己學不會，就把責任都推給老師。」

李小白的話像一根針一樣，刺中了英格力的神經，他翻開自己的參考書，指著一道應用題十分激動地說：「本來就是老師的錯！你看這題，一定是老師故意用來折磨我們的。」

高斯和李小白探頭一看，這題是這樣的：

> 一間大賣場第一天上午售出 12 件裙子，下午售出的件數是上午的 1.5 倍，而下午比上午多收款 1500 元。第二天售出裙子 50 件，每件裙子價格相等，請問第二天收款多少元？

「這題難道不是老師故意為難我們的嗎？什麼上午、下午、第一天、第二天、價格、件數……那麼多條件，我眼睛都花了，更不用說答題了。」英格力連珠炮般地抱怨著。

可是高斯和李小白完全沉浸在題目中，對英格力一番慷慨激昂的演說視而不見。

「這題很值得研究。」高斯說。

「對，這種複合式的應用題，最重要的是先分析結構。」李小白接著說，然後兩人各自拿出紙筆開始計算。

「喂！你們倆不是我的好朋友嗎？怎麼一點都不在意我的感受！」可憐的英格力大聲抗議，但是李小白和高斯完全沉浸在計算中，沒人理他。

過了一會兒，高斯和李小白同時說出了答案。

多多老師分析

複合題型有架構，分層破解就輕鬆

面對同樣一題，高斯和李小白積極尋找解法，英格力卻只覺得這是老師故意為難，這樣英格力是無法進步的。

其實，像英格力遇到的這種複合型應用題，雖然表面上看起來雜亂，但背後仍有一套支撐的邏輯。只要找到題目的邏輯，把複雜的結構層層分解，很快就能抓到思考方向。

複合型應用題會把最終問題的解題工具藏在題目裡，就像俄羅斯娃娃需要一層一層打開一樣，我們必須先利用已知條件算出解題工具，才能用這些工具求出最終解答。所以高斯和李小白是這樣分解題目並求解的：

❶**找出問題，以及抓出求解所需要的條件：**這題要求我們算出第二天收款多少，但條件中只告訴我們第二天售出的件數是50件，但沒有直接告訴我們裙子的單價，因此要求50件裙子的總價，就一定要先求得裙子一件是多少元。

❷**找出需要的條件後，就分解題目架構：**所以這題的結構就可以分解為「先利用條件求出裙子單價，再根據單價與售出數量，求出賣出裙子的總價」。

❸**先從已知條件鎖定目標，算出最終答案需要的工具：**將目標先訂為找出裙子單價後，從題目的條件中可以得知，第一天上午售出12件裙子，下午售出的件數是上午的1.5倍，下午比上午多收款1500元。因此若出下午比上午多售出多少件裙子，就可以求出裙子的單價：$12 \times 1.5 - 12 = 6$（件）；$1500 \div 6 = 250$（元）。

❹**將過程中算出的解題元素，套回最終問題的算式：**已經獲得裙子單價後，再乘以第二天售出總件數，就可算出第二天的收款：$50 \times 250 = 12500$（元）。

　　看完上面的解題步驟，你是否明白了呢？要解決複合式應用題，一定要先分析問題結構，找出能算出最終答案的解題關鍵。然後再從這個關鍵切入，就能找到題目的邏輯和解法。

　　不過解構法還分為好幾類，像上面這題是運用「**知單求總解構法**」，也就是**題目問總量，但我們要先求出單量才能推算總量**。那麼除了知單求總解構法，還有哪些解構法可以用呢？跟著多多老師一探究竟吧！

（1）知總求單解構法：由總量推導出單一量

　　知總求單解構法和前述的知單求總解構法相反，是題目給我們總量，但反而要去推算單一量。以下面這題為例：

　　一個機器製造廠，原計畫上半年每月製造 40 台機器，下半年每月計畫製造 50 台。實際生產的時候，9 個月的產量已比全年計畫產量超出 18 台，請問實際上每月生產多少台機器？

◆**解法**：解這題時，若想求出每月的產量，就要先求出一段時間內的總產量，然後用總產量除以時間，就能知道每月的產量了。

　　那麼要怎麼界定這個時間長度呢？根據題目中的條件，9 月的實際產量已比全年的計畫產量還多出 18 台，我們就可以知道先算出 9 個月的實際產量，是解決本題的關鍵。

◆**列式**：原計畫全年產量：$40 \times 6 + 50 \times 6 = 540$（台）；
　　　　9 個月的實際產量：$540 + 18 = 558$（台）；
　　　　求出實際每個月生產的台數：$558 \div 9 = 62$（台）。

　　先求出總量，再根據總量求出單一量，這就是知總求單解構法的主要思路。

（2）知差解構法：從「兩數之差」推算最終解答

　　有些複合型的應用題，是根據兩數相減之差的發展和變化而出題的。在解決這類應用題時，流程是先求出兩數之差，再根據題目條件進行分析。例如下方這題：

> 買 3 件上衣和若干雙鞋子共花了 2460 元，一件上衣是 340 元，每雙鞋子比每件上衣多 20 元，請問買了幾雙鞋子？

◆**分析**：這題是求一共買了多少雙鞋子，因此必須知道買鞋子共花了多少錢、一雙鞋子多少錢，然後用總價除以單價，就知道鞋子的數量。

　　而鞋子的總價其實就是「總花費與3件上衣的花費差額」，所以根據兩數的差來求出關鍵數量，是解決這題的關鍵切入點。

◆**列式**：

　　3件上衣的總價：$340 \times 3 = 1020$（元）；

　　若干雙鞋子的總價：$2460 - 1020 = 1440$（元）；

　　鞋子的單價：$340 + 20 = 360$（元）；

　　鞋子總量：$1440 \div 360 = 4$（雙）。

　　所以買了4雙鞋子。

解構法的三種變形

◎知單求總解構法：
　由單一量求得總量。
◎知總求單解構法：
　由總量推導出單一量。
◎知差解構法：
　由「兩數之差」推算最終解答。

多多老師考考你

甲、乙、丙三個小組製造一批機器，甲組每天生產 80 台，乙組每天的生產量是甲組的 $\frac{3}{4}$，丙組每天比乙組多生產 40 台。現在由甲組生產 12 天，乙組生產 9 天，就可完成要求數量。請問若全交由丙組生產需要多少天？

**解答請參見 p.261

第 3 章

稱霸
考場篇

突破瓶頸！
讓數學突飛猛進的祕笈大公開

Q版漫畫學妙招
數學考試拿高分的學習神器

上次做錯的題目，這次又做錯了。

有了錯題本，一錯再錯的情況就不會發生了。

錯題本

錯題本：帶你跳脫一錯再錯的泥淖

　　數學考試中，答錯的原因有很多。有的是因為粗心、有的是因為觀念錯誤、有的是因為沒用對方法……如果你把所有答錯的題目及錯誤的原因都記在錯題本上，並不時翻看，就能避免一錯再錯的情況喔！

我從不做
課本上的例題。

要先將課本例題融會貫通，
才不怕後續的變化題喔！

課本例題：掌握基本原理，就不怕題型七十二變

千萬不要小看課本上的例題喔！如果課本上的例題沒弄懂，那做再多題目也無效。因為例題是最基礎的題型，唯有徹底理解例題，才能掌握後續變化題的解題關鍵。

公式推導過程：理解公式，才能「無招勝有招」

　　理解公式是解題的前提，否則即使公式背得滾瓜爛熟，遇到進階題就無法活用。所以在背公式之前，我們一定要把課本上公式的推導過程看清楚，最好自己也動手推導一次。這樣不但能加深對公式的印象，還有助於理解呢！

預習筆記：幫你事先抓出隔天的聽課重點

　　預習並不只是簡單將課本看過一遍，也不是深入自學，而是概覽後自己抓出大致的重點。例如：如果接下來的課程涉及之前的內容，可以再把相關內容認真複習一下；如果接下來的內容很難，你可以標記下來，等老師上課時認真聽。當然你也可以像李小白一樣，做一本簡單的預習筆記，就能提升聽課的吸收效果喔。

關鍵 ① 愈「錯」愈勇
自製個人數學病歷表

又錯同一題！ ▶ **高斯與100分說再見的懊惱**

現在老師要發數學考卷了，高斯坐在座位上，緊張地等著老師叫自己的名字。

「高斯。」老師的聲音剛剛響起，高斯一個箭步就躍到了講臺上，接過考卷看到醒目的95分，高興地瞪大雙眼，臉上止不住傻笑。

可惜高斯並沒有高興太久，因為老師立刻接著說：「雖然高斯這次進步很多，但真的很可惜，怎麼又錯了跟上次一樣的題目呢？」

高斯一看考卷，發現整張考卷上唯一做錯的題目，竟然真的是上次就考過的。上一次他答錯，這一次又做錯了，難怪老師要念他。

下課後，大家都跑出去玩了，高斯卻史無前例地趴在座位上，一副無精打采的樣子。

「唉，如果我這題沒錯，那麼這次就是100分啦。」高斯還在「哀悼」他那丟掉的5分。

「哼，要怪就只能怪你自己，誰叫你都不整理你之前訂正過的題目！」李小白幸災樂禍地說。

「難道你所有做錯的題目都整理過嗎？我才不信！」高斯奮起反擊。

可是下一秒高斯就目瞪口呆，因為李小白立刻從課桌裡抽出好幾本筆記，當著高斯的面一一打開。筆記裡面密密麻麻的，都是李小白以前訂正過的題目，而且題目附近不僅寫上了正確答案，還寫出了做錯的原因。

同學們的目光都被這疊錯題本給吸引了過來，所有人都發出驚呼，感嘆李小白的「學霸」封號果然名不虛傳啊。

多多老師分析
如何根除一錯再錯的老毛病？

李小白的錯題本有用嗎？錯題本真的能幫助她學習嗎？

可能你心裡對錯題本的功用充滿疑問，但是多多老師跟你說，千萬別小看錯題本，它可是提高成績的法寶！很多小學生就是因為做了錯題本，所以一直維持好成績。

因為我們答錯的原因，通常是觀念錯誤、記錯公式，或是弄錯運算規則，但如果光憑聽課而沒有實作，我們很難發現這些問題。幸好，透過寫作業、考試的過程，我們可以從錯題中發現自己的學習盲點。

如果這次犯錯，我們卻不管不顧，那麼下次遇到同樣的題目，還是會跟高斯一樣一錯再錯。但若是我們學李小白**把錯題都記錄在本子上，寫清楚為什麼做錯、正確答案是什麼，並且經常拿出來複習**，那麼下次遇到這些題目時，我們還怕會做錯嗎？

Tip ▶ 錯題本的製作要領

（1）沒有解析的訂正，是治標不治本

　　想要製作錯題本，光是寫上正確答案是不夠的。如果我們不希望同樣的題目一錯再錯，就必須徹底解析自己的錯誤。

　　多多老師曾經遇過兩個小朋友，他們都有製作錯題本的習慣，可是他們的成績卻天差地遠，這是為什麼呢？其實只要翻翻他們的錯題本，就能知道答案了。

　　例如，他們同時做錯這題：

> 小紅從家裡走到學校 840 公尺共花了 14 分鐘，而從家裡到新華書店要走 360 公尺，請問小紅用同樣的速度要走多久？

　　第一個小朋友只在錯題下方簡短寫上「答案是 6 分鐘」就結束，第二個小朋友卻詳細地列出兩個算式與公式原理：

> $840 \div 14 = 60$（公尺/分鐘）；$360 \div 60 = 6$（分鐘）
> **應用公式**：速度＝路程÷時間；時間＝路程÷速度。

　　你覺得這兩個小朋友裡面，誰的成績比較好呢？當然是第二個小朋友嘍！因為第二個小朋友不僅知道這題的答案，還牢牢記住了這題所應用的計算公式，那麼以後遇到類似題目，他就不怕做錯了。

　　所以我們製作錯題本的時候要向第二個小朋友學習，記錄時不僅要把答案寫出來，還要把分析和應用概念一起寫出來。

錯題本若是愈仔細，那麼我們掌握的知識當然就愈多、愈牢固！

（2）再算一次錯題，考前複習才安心

　　錯題可不是記下來抽時間看看就可以的。數學是一門需要動手實作的科目，如果你不多做幾遍，怎麼知道自己卡在哪裡、下一步應該怎麼做呢？

　　所以我們在做錯題本的時候，不僅要把錯題記下來，還要在複習的時候，把錯題當作例題來做。如此一來就算再遇到相同的題目，我們都不會做錯啦！

公式不是要你死記硬背
從過程理解公式，讓你「無招勝有招」

數學公式的頂尖對決 ▶ 李小白作弊？

高斯一邊走進教室，一邊唱著歌：「啦啦啦啦，我是超會背公式的小神童，考試測驗都不怕……」

「會背公式有什麼了不起的？」李小白打斷高斯的歌聲。

「哎喲，李小白你在嫉妒我嗎？你背公式肯定沒有像我這麼厲害吧？」高斯從容回擊道。

「我會嫉妒你？別說笑了，你公式背得再好有什麼用，答題的時候都會用嗎？」李小白說。

「當然，只要把公式背熟，誰不會答題啊？」高斯說。

「那好，」李小白得意地一笑：「我來出題目，我們倆一起做，看看誰先做出來，如何？」

「好，如果我先做出來，你可不要哭著叫媽媽喔。」高斯一點也不畏懼，反而對自己充滿信心，畢竟課本上的公式他早已倒背如流。

只見李小白在計算紙上俐落地寫下了這道算式：

$$12×4＋8×4＋13×5＋7×5＋18×6＋2×6＝?$$

「這也太簡單了吧！只要依順序計算就可以了。」高斯一邊算一邊想。可是還沒等高斯把答案寫出來，李小白就已經

高聲喊出：「答案是300！」

「你作弊！怎麼可能這麼快就把答案算出來了？我甚至都沒看到你動筆呢。」高斯不服氣地大喊。

「我才沒有作弊，是你自己不懂得利用公式。你還記得嗎？**乘法分配率**說：把兩個數相加的和，跟同一個數相乘，答案等同於把兩個加數分別跟這個數相乘，再把兩個相乘的積相加。同樣的道理，兩個數分別跟同一個數相乘，可以先把這兩個數相加，再把兩數相加的和，跟第三個數相乘，結果也不變。

所以這個算式可以簡化成：

$$（12＋8）×4＋（13＋7）×5＋（18＋2）×6 = 20×（4＋5＋6）＝300。$$

李小白的演算法贏得了滿堂彩，大家都紛紛誇她聰明。可憐的高斯則是垂頭喪氣地嘀咕著：「乘法分配率我明明記得滾瓜爛熟，為什麼剛才沒想到還能這樣用呢？」

 多多老師分析
「會背公式」不等於「會用公式」

看到高斯的疑惑，你是不是也很好奇，為什麼他明明會背公式，解題時卻不能靈活應用呢？

其實公式本身，就是數學家們從無數問題中，精煉出來的規律。如果我們**理解公式的推導過程，就能幫助我們靈活應用**

公式。

　　多多老師跟你說，出題老師們是不會只用一個模式出題的，他們喜歡在題目裡做一些小變化，甚至給你設下一個小陷阱。這時候如果你只會硬背公式卻不理解它的內涵，那麼一旦你遇到新的題目，很容易就會掉進老師挖的陷阱裡喔！

　　但是如果你透徹理解一個公式，知道它是怎麼被推導出來、適用哪種情況，那麼不管你遇到什麼題目都能靈活應對。

　　除此之外，**理解公式其實也是背誦公式的一種方法**。科學研究發現，「理解後記憶」比死記硬背的效果要好很多。所以透過理解記住公式，我們不僅記得牢，還能懂得活用。

Tip ▶ 理解與記憶公式的學習妙招

（1）好記性不如爛筆頭，親手推導才記得牢

　　你是不是也有過這樣的經驗？明明老師把一個公式的推導過程講了很多遍，我們卻還是聽得一頭霧水，結果因為沒有真正弄懂公式的推導過程，最後連公式也記不牢。

　　面對這樣的挫折，多多老師告訴你一個理解與記憶公式的小訣竅，那就是**自己親手推導公式**。

　　如果我們能夠自己寫出或算出公式的推導過程，那麼我們不必刻意背誦，也能在不知不覺中理解，並且深深記在腦海裡。

　　例如，有個小學生總是記不住梯形的面積公式，所以有一天他試著自己推導，於是就先畫了一個梯形，再標示出兩條高，讓梯形分為一個長方形、兩個直角三角形。

根據此圖，我們可以說這
個梯形的面積，就等於長方形
加上兩個三角形的總面積。

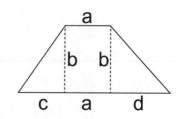

那麼根據長方形的面積公
式，這個長方形的面積是：
a×b（長乘以寬）。而根據三
角形的面積公式，這兩個直角三角形的面積是：（c×b＋
d×b）÷2（底乘以高÷2）。

所以梯形的面積公式就是：a×b＋（c×b＋d×b）÷2＝
（2a＋c＋d）×b÷2，就是課本上說的上底加下底，乘以高
除以2。

當這個小學生親手將公式推導出來後，他就再也沒有忘過
梯形的面積公式了，你要不要也試試看呢？

其實很簡單。

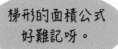

梯形的面積公式
好難記呀。

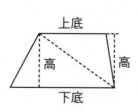

右上三角形的面積＝上底×高÷2
左下三角形的面積＝下底×高÷2

所以梯形的面積＝
上底×高÷2＋下底×高÷2，
即（上底＋下底）×高÷2

（２）實戰應用，演練各公式的招牌經典題

如果想要徹底理解公式，不實際做題目怎麼行呢？事實上，公式就是從無數問題中推導出來的，若要了解公式的具體用法，我們還是得回歸原始，從解題中摸索。

只要多做幾題，就能掌握公式的具體用法，那麼未來面對各種新奇的題目時，我們也能馬上端出公式，見招拆招了！

（３）使出「回憶召喚術」，對照課本目錄回想公式

有不少小學生複習公式時都會去翻課本，但是多多老師認為，這種做法並不利於我們學習和掌握公式。

那麼若是我們採用相反的做法，在複習的時候不看課文，而是對著目錄用自己的話把公式複述出來，會有怎樣的效果呢？

關於這點，多多老師認識一個小學生，他的經驗能告訴我們答案。

這個小學生在記憶公式時，經常是背了又忘、忘了又背。答題的時候，只要老師稍微變換一下題目，他就不知道該用哪個公式了。

後來這個小學生想出一個好方法，那就是在複習的時候，對著課本目錄的標題來回憶公式。例如看到標題上「長方形面積」這五個大字，他就自己默背計算公式：長方形面積＝長×寬。

當他對著目錄把公式一一背出來，既加深了對公式的記憶，還能在回憶的過程中深化對公式的理解。

經過一段時間的複習，這個小學生掌握公式的功力大增，不僅記住了很多公式，而且應用公式時也能靈活應變了呢！

例題是最划算的投資
掌握課本例題，擺脫不及格噩夢

英格力的進步希望 ▶ 如果例題很美味，那該有多好？

「同學們，接下來這個單元非常難，大家這裡一定要專心聽喔。」數學老師非常嚴肅地對大家說。

看到數學老師這麼嚴肅的樣子，高斯也不禁挺直了背，可是數學老師才剛把公式和概念講完，他就趴到桌上了。

作為隔壁鄰居，李小白忍不住提醒他：「高斯，老師接著要講例題了，你不好好聽，等等課堂作業就等著抱鴨蛋吧！」

「關心你自己吧，我高斯已經掌握住這節的概念和定理了，例題不聽也沒差啦。」高斯很臭屁地說，讓李小白聽了忍不住搖搖頭。

隔天課堂作業本發下來了，高斯迫不及待地打開作業本，卻見整頁觸目驚心的紅叉！才十道題目，高斯居然就錯了八題，這八個紅叉看起來就像咧開嘴嘲笑他的小丑。

這時英格力走到了高斯身邊，探頭往高斯的作業本上看了看，驚訝地說：「你也錯這麼多啊！我還以為只有我這樣呢。」

「知道為什麼你們的作業錯那麼多嗎？」不知何時，李小白走到了兩人身邊。

「我不知道耶，拜託『數學小天才』告訴我們原因吧！」為了知道原因，英格力不遺餘力地拍起了馬屁。

「原因就是，你們沒有將課本上的例題都好好『消化吸收』。」李小白肯定地說。

「消化？什麼意思？是指例題可以吃嗎？」英格力一想到吃，就變得十分興奮。

「笨蛋，她是說我們倆上課時沒有好好聽老師講解例題啦！」高斯忍不住插話道。

「回答正確，看來高斯同學已經深刻地意識到他的問題了。」李小白模仿數學老師有板有眼地說著，眼神中帶著幾分欣慰。

多多老師分析
從例題學會解法，提升解題實戰力

為什麼高斯只是沒有將例題好好消化吸收，作業就錯了那麼多呢？

多多老師知道，對於年齡還小的小學生來說，小學數學並不是那麼容易理解的。為了徹底掌握一個數學知識，我們需要腳踏實地一步一步走，而分析例題則是不可或缺的一步。

其實例題中包含很多解題方法，當我們不知道怎麼算的時候，可以先看課本上的例題，然後試著用同樣的方法解看看。

Tip ▶ 用例題提升解題實力的要訣

（1）動手重算例題，知識才會變成自己的東西

怎樣才能將例題徹底消化吸收呢？多多老師認為，自己

動手重做一遍是個不錯的方法。

你聽了可能會不服氣地說：「課本上已經給出例題的解題過程了，重做一遍不是浪費時間嗎？」

但多多老師可以肯定地告訴你，這絕對不是浪費時間。因為課本雖然給出了解題過程和答案，但這並不是我們親自做出來的，如果你不去親身體驗一下，知識就不會變成你自己的東西。

所以試著蓋住課本，自己動手做一下例題吧！這樣你才知道例題到底應該怎麼解，也才能真的把例題完全消化吸收。

（2）掌握例題中的概念，舉一反三不困難！

從例題中也可以找到概念和定理嗎？沒錯！每道例題中都包含數學概念和定理，而例題的目的，就是幫助我們理解概念，同時學習找到解題的思路和方法。因此，如果你想從例題中學到更多知識，不妨研究一下，例題中究竟運用了哪些定理。

例如，很多小學生總是容易將「乘法結合率」和「乘法交換率」混淆，但有一個小學生想到了一個很棒的方法，那就是把這兩章的例題結合在一起，方便並列對照。後來，這個小學生果然輕鬆學會區分兩者差別，再也不會弄混了！

「20x26x5x10」有更簡單的算法嗎？

我知道！
可以用乘法交換率，
讓20x26x5x10 =
(20x5)x(26x10)

課前預習「快、狠、準」
用最短時間的預習，打造聽課高效率

課堂搶答比賽 高斯輸在翻書慢？

　　即將開始的數學課要上幾何圖形，這可是高斯的強項。所以上課鈴剛打響，高斯就蓄勢待發，心想：「我今天一定要多回答問題，來壓壓李小白的氣勢！」

　　果然如高斯預想，老師走進教室的第一句話就問：「今天要教三角形，同學們知道三角形是由什麼組成的嗎？」

　　老師的話音剛落，高斯就飛快地翻書。但是李小白已經把手高高舉起，老師就讓李小白站起來回答問題。

　　「三角形是由三條線段組成的。」李小白答俐落地回答。

　　「很好，那麼下一個問題是：三角形有幾條邊、幾個角、幾個頂點呢？」老師又問。

　　高斯以最快的速度翻書，終於看到了答案，但是還沒等高斯把手舉起來，李小白的聲音已經在耳邊響起，說：「三角形有三條邊，三個頂點，三個角。」

　　老師準備了五道問題，李小白一人就包辦了三個，而自信滿滿的高斯卻一個也沒有回答出來。

　　下課後，英格力走到高斯身邊，拍拍他的肩膀說：「兄弟，看來你今天又輸了。」

　　「胡說，我才沒輸呢！我會的可沒比李小白少，只是她翻書的速度太快了，看來要戰勝她，我還得練練手指的速

度。」

　　高斯話剛說完，就聽到李小白撲哧笑出了聲，心情暢快地說：「高斯啊，高斯，你到現在還不明白為什麼會輸給我呢！」

　　「為什麼？」高斯問道。

　　「因為你沒有預習啊。」李小白笑著回答。

　　「雖然老師經常強調上課前要預習，但是預習真的這麼有用嗎？」高斯懷疑地問著。

　　「預習當然很有用！今天我之所以能不看書就能答對老師的問題，全是預習的功勞呢。」李小白得意地說。

 多多老師分析
預習帶來的三重好處

　　看到李小白和高斯上課的表現差異，你是不是也很驚訝？

　　那麼為什麼李小白能在課堂上有這麼好的表現呢？這可要歸功於預習喔！

　　預習，顧名思義就是在老師上課之前，自己提前學習新知。預習看起來很簡單，但卻能為學習帶來超大的幫助。

　　課前預習可以發展我們的智力。因為我們在預習的時候，會發現很多問題，而一旦我們發現了問題，我們的大腦就會立刻開始工作，例如考慮一下什麼是除數、什麼是被除數、為什麼0除以任何數都得0……

　　另外，**課前預習還能增加我們的學習興趣。**因為有時我們能從課本上發現千奇百怪的問題，這些問題可能有趣到讓人忘

記吃飯和睡覺，只為了先把它們想出來。所以我們思考這些問題的時候，可能不知不覺間，就對數學產生了濃厚的興趣。

最重要的一點是，**預習還可以提高我們的自學能力**，讓我們在學習數學的時候，儘快脫離父母和老師的幫助，學會自己發現問題、解決問題呢！

Tip▶ 預習「快、狠、準」的3個心法

（1）邊掃課文邊圈畫，重點區分一目了然

多多老師曾經問過不少小朋友：「什麼是預習啊？」小朋友們大多回答說：「看書就是預習。」

這些小朋友的回答對不對呢？在多多老師看來，他們只答對了一半。因為預習雖然包含看書，但是**預習的時候也需要動筆，在看書同時一邊圈圈畫畫才能做好預習。**

這是為什麼呢？因為課本上有那麼多知識，一不小心就容易看漏。如果我們漏掉的是主題重點，那預習就白做了！

所以多多老師建議，我們在預習的時候，最好用一枝筆圈圈畫畫。例如：遇到需要背誦的內容打顆星星，遇到不懂的內容標個小問號，遇到重要概念就圈個括弧，遇到解析就在旁邊畫兩條橫線……

圈圈畫畫雖然會把課本畫成大花臉，可是它能讓我們預習的時候更加認真，抓緊每個重點喔！

（2）預習時看不懂？恭喜你找到聽課重點啦！

預習的時候會不會遇到問題呢？答案是「一定會」。因為若是都沒有問題，我們也不用學習啦！

那麼遇到問題時我們該怎麼辦呢？多多老師建議**先把不懂的問題寫下來，等到上課的時候特別注意聽**。

作為小學生，我們知道老師的講課會盡量讓全班同學都聽懂，因此每個小節都講得很細。但對我們來說，有些重點我們已經靠自己就掌握住了，因此只要針對自己不懂的地方，再特別專心聽課，這樣就能讓自己的聽課效率大幅提升呢。

（3）預習是為了發現問題，並非學得愈深愈好

看到這個標題，你是不是感到很奇怪，甚至心想：「難道預習不就是學到愈多知識愈好嗎？」

多多老師可以肯定地告訴你，**預習的目的並不是拚命深入鑽研，而是讓我們在脫離老師幫助下，能夠從預習中發現問題，找出自己的不足，提前了解相關知識，為上課做好準備就可以了。**

有些小朋友在預習的時候，總想學到更多知識，所以他們把預習當成上課一樣嚴格要求，要求自己每個重點都得弄懂、課本上的例題要全會做、課後例題也要能夠解出來，結果這樣嚴格的要求反而給他們帶來很多麻煩，例如：有人覺得自己預習完就都會了，上課可以不用聽講，因此忽略課堂學習；有人則覺得這樣的預習太難了，久而久之就對預習失去了興趣……

因此我們在預習的時候不能貪多，只要簡單了解課本的內容，發現讓自己困惑的問題就可以了！至於其他問題就留在上課的時候來解決吧。

高效預習的訣竅

◎瀏覽課本的同時，還要圈圈畫畫，把問題、
　重點都揪出來。

◎預習時發現的問題，就是下次聽課的重點。

◎預習點到為止，並不是愈多愈好。

過程比答案更重要
明白解題邏輯，題目怎麼改我都會

考試時間 ▶ 不聽李小白言，吃虧在眼前

「李小白～」高斯搓搓手，一臉諂媚地喊著。

「要做什麼？」看著滿臉堆笑的高斯，正在解題的李小白警戒地問著。

「這題我不會，你能不能幫我算一下。」高斯擺出一副虛心請教的樣子。

「沒問題，本子給我。」李小白痛快答應了高斯的要求，過沒幾分鐘就把習作還給高斯，還附送解釋說：「這題答案是23，解題步驟是這樣的……」

「這麼快就算出答案了，不愧是李小白！我只要知道答案就好，解題步驟不用告訴我了。」高斯打斷李小白，飛快地把答案寫在習作上，然後瀟灑地闔上習作，收拾書包就準備回家。

「你怎麼能不聽解題步驟？這可是比答案還重要耶！」李小白皺著眉頭說。

「哎呀，解題步驟有什麼好聽的，只要答案寫對不就可以得分了嗎？」高斯不耐煩地說。

「等等，高斯，如果你不弄懂這題的解題邏輯，那麼以後只要題目稍微變一下，你就會寫不出來……」李小白還在努力勸說高斯，但高斯早就一溜煙地跑出教室。

幾天之後的數學考試，當高斯做到某題的時候，激動得心花怒放，原來這題正好是他前幾天問李小白的那道！可是等他再仔細一看，臉色立刻就變了。原來，老師改過了題目的數字，所以答案肯定跟以前的不一樣。

偏偏高斯只記得之前那題的答案，卻不知道解法，想了半天，最終只能放棄這題了。看著答案欄的空白，高斯心裡好後悔啊。

 多多老師分析
怎麼改個數字就不會了？

數學是一門非常注重邏輯的學科，它能開發人的大腦，鍛鍊人的思維，還能用來解決現實生活中的很多問題。所以我們學習數學不光是為了考100分，還是為了讓自己的頭腦更加聰明靈活。

因為數學題目是千變萬化，沒有固定的模式，只有掌握了解題邏輯和方法，才能在題目改變時仍求出正解。

因此我們做數學題的時候，不僅要知道題目的答案，更要弄清楚解題邏輯跟方法喔！

Tip▶ 開拓解題思維的錦囊妙計

（1）翻轉數學概念，蹦出不同妙解法

解決數學問題當然離不開數學概念，因為數學就是根據概念來出題的。那麼我們在學習數學的時候，是否可以用數學概

念將題目分類，再用概念來解題呢？

多多老師認為這個方法是可行的，例如我們可以這樣利用概念來推導出解題方法：

根據除法關係「被除數 ÷ 除數＝商⋯餘數」，可以得出：被除數＝商 × 除數＋餘數；除數＝（被除數－餘數）÷ 商，餘數＝被除數－除數 × 商；商＝（被除數－餘數）÷ 除數⋯⋯

單單根據一個定理，就能變換出五種解題方法。怎麼樣？這樣利用概念找出解法的方式很厲害吧！

（2）解題技巧好難找？翻翻舊題就找到

解題技巧和方法可不會從天而降，如果我們想獲得這些技巧和方法，就要善於從題目中分析歸納出解題思路。

多多老師曾遇到過一個小朋友，**每當他遇到一個新題型，就會在做完之後都會分析這個題型的作法**。例如工程應用題，他會歸納出需要用到的公式、數量關係；遇到路程題，他會分析怎樣從路程、速度和時間三個方面著手解題⋯⋯

因為平時分析歸納了各種題型的解題方法，所以他在答題的時候當然不會找不到方法嘍！

開拓解題思考的
錦囊妙計

◎從數學概念推導不同解法。
◎從做過的題目分析歸納出
　解題邏輯。

老師幫幫我

勇於提問不可恥，問對問題學更多

困住全班的難題 ▶ **召喚最終王牌**

「唉，這題怎麼這麼難呢？我半點想法都沒有。」自習課上，高斯咬著筆桿愁眉苦臉地說。

「還是我們乾脆先放著別做？反正大家看起來都不會算，那麼我們不會寫，老師也不會說什麼吧？」英格力說。

李小白抹掉額頭上的汗水，對高斯和英格力說：「不行，解題不能半途而廢。我們再堅持一下，應該就能找到解法了。」

但當半小時過了，他們三個還是沒把這題解出來，這樣一來，別說是英格力了，連高斯都想放棄。李小白看看兩個不堅定的「戰友」，站起來說：「我要去問老師。」

「李小白你別傻了，老師那麼忙怎麼會理你？」高斯第一個站出來澆冷水。

「對啊對啊，而且我怕老師覺得這問題太簡單，我才不想在老師面前丟臉呢。」英格力隨聲附和。

「你們兩個膽小鬼，都還沒去問呢，怎麼知道老師不會幫我們？向老師請教可是一個非常重要的學習方法呢！如果你們倆遇到問題都不敢問老師，那麼以後一定會吃大虧。」李小白一臉嚴肅地說。

過沒多久，李小白就回來了，而且出乎高斯和英格力的意

料，李小白看起來不僅沒有不高興，反而很雀躍。

「同學們，剛才那題我已經向老師請教過解法了，如果你們誰有不懂的，都可以來問我。」李小白對全班同學說。

果然李小白才剛說完，好多同學紛紛擁到她的座位上。高斯和英格力你看我，我看你，兩人都好驚訝。

「沒想到老師真的幫她了？」高斯看著李小白這麼受歡迎，心裡還真不是滋味。

 多多老師分析

向老師求救很丟臉嗎？

在分析之前，多多老師要先表揚一下李小白，因為她做得很對，及時向老師請教卡住的難題，是一個非常重要而且非常有用的學習方法。

而且，多多老師要告訴你們一個非常重大的發現：**一般來說，喜歡並且善於向老師提問的學生，學習成績會更好。**

這是為什麼呢？首先，因為向老師請教可以幫助我們及時解決難題。難題是學習路上的絆腳石，往後拖得愈久，造成的漏洞就會愈大。所以我們遇到難題的時候，應該立即向老師請教，就可以第一時間消滅難題，避免漏洞擴大變黑洞。

再來，向老師請教也可以拉近我們和老師之間的關係。可不要小看這一點，師生關係也是影響學習的一個重要因素。老師喜歡愛提問的學生，而**愛提問的學生能從老師那裡學到更多知識。**

其實，向老師提問的好處還有很多很多，所以遇到不會做

的題目、看不懂的課文，千萬不要害羞，要勇敢地向老師提問，老師們都很樂意回答的。

Tip▶ 跟老師請教的注意事項

（1）體貼老師，在合適的時間提問

親愛的小朋友，多多老師鼓勵你們多向老師請教，但也提醒大家，盡量在合適的時間找老師問問題喔。

我們都知道，老師除了幫我們上課，還要改作業、改考卷等等，因此老師的時間是很有限的，若我們不管時間場合就去問老師，是不是會給老師帶來額外的負擔呢？

所以向老師請教的時候，建議小朋友們可以這麼做：

◎集中問題，在自習時間再一併請教老師。
◎趕課時避免打斷老師，利用下課時間詢問。
◎利用放學後的幾分鐘，找老師反映學習問題。

把握好上面幾個時段，我們既可以解決自己遇到的問題，也可以體諒老師，不耽誤老師的工作時間呢。

（2）一定要告訴老師你的問題點

向老師請教問題時，除了把握好時間外，還有一件事情一定要記住，那就是**提問的時候，要清楚告訴老師你哪裡不懂**。

看到這裡，或許你還不是很明白，但沒關係，看看下面這個小朋友的經歷，你就清楚了：

有一個小學生喜歡向老師提問，可是每次他問問題的時候都是把習作擺在老師面前，告訴老師哪道題不會後，就不再說話了。這種情況會造成什麼後果呢？後果就是老師不知道他到底卡在哪裡，只好把整題從頭到尾講解一遍，但其實這個小學生只需要釐清某個細節，那麼老師重講一遍，等於是浪費了小學生自己的時間和老師的時間。

為了不浪費大家的精神與時間，我們在提問的時候要有所準備，例如：提前告訴老師自己哪裡不懂、為什麼不懂……，這樣老師就可以針對你不懂的部分，進行重點講解了。

籠統的提問無法讓老師清楚你欠缺的概念或技巧，
導致講解太冗長或沒解決你的問題。

老師，
這題的單位換算我不太明白，
能再解釋一次嗎？

向老師時請教時，提前具體告知自己卡住的地方，
這樣老師講解起來重點會更清楚。

（3）提問的最高境界：課本外的內容也要多學幾招

向老師請教的時候，知道答案就可以了嗎？當然不是。

如同前一章所說，知道答案固然重要，但是弄懂解題方法
卻更關鍵。因為一個解法可以解決很多題目，一個答案卻只能
回答一道問題。

因此我們向老師請教的時候，一定要多問解題方法，例如
我們可以問問老師：為什麼這題要用這個方法、和哪些概念相
關、以後遇到這類題型應該怎麼做、還有沒有其他解法……

當你問得愈多，老師就會教給你愈多知識。所以在提問的
時候，記得多問老師一些解題方法吧！

與高手過招

吸收對手優點，就是成為高手的捷徑

高分奇蹟 高斯突飛猛進的祕密

「高斯的數學開學考竟然得了96分，簡直是奇蹟啊！」開學考的分數剛公布，全班同學都在議論：高斯的數學進步這麼大，是不是得到了什麼數學祕笈？

但是只有高斯自己心裡明白，他根本沒有得到什麼祕笈，如果非要說什麼祕訣的話，那就是高斯的表哥了。

高斯的表哥就是數學祕笈嗎？這是怎麼一回事呢？

這件事要從今年暑假說起。

今年暑假，高斯的表哥到高斯家住了一個月。高斯的表哥可不簡單，他剛參加完國小數學奧林匹克競賽，居然得了特優。

表哥剛到高斯家，第一件事就是和高斯比拚速算。結果連續比了幾輪，高斯一題也沒搶在表哥前頭，慘敗。

比賽一結束，高斯媽媽就宣布以後要經常舉行速算比賽，幫高斯提高數學成績。這個消息對高斯來說，簡直是晴天霹靂。

「和表哥比速算到底有什麼好的？」高斯心想。可是他說服不了媽媽，為了不要輸得太丟臉，高斯只能惡補數學。

高斯先是惡補各種速算方法，兩位數的、三位數的、特殊位數的、非特殊位數的……，幾乎把各種速算技巧都學會了。

接著，高斯又學習各種需要創意的數學題目，尤其是那些邏輯性很強的題目，為此高斯還買了好幾本參考書呢！

經過一連串和表哥「過招」的過程，高斯的數學成績當然飛速提高，所以才能在開學考中獲得96分的高分。

 多多老師分析
和強者競賽有什麼好處？

高斯的成績能進步得這麼快，原來是因為暑假時和高手「過招」了啊！

其實和高手過招，一方面是對自己的鍛鍊，另一方面我們也可以從中獲得意想不到的指點與靈感。

所謂高手，肯定有超出常人的地方。有的同學速算能力強、有的同學推理能力強、有的同學記憶力特別好……

當我們與他們過招的時候，肯定不想輸給他們，所以我們會努力提升自己的能力，朝他們邁進。如此一來，我們的能力也在不知不覺間躍進了。

此外，和高手過招也是一個非常難得的學習機會。我們藉機可以觀察與吸收他們高效率的學習方法、端正的學習態度，以及其他我們所欠缺的優點。

所謂「近朱者赤，近墨者黑」，和什麼樣的人在一起，你就會成為那樣的人。等我們把高手的優點都學會了，我們不就是下一個高手了嗎？

Tip 如何從高手身上學會更多？

（1）勝負非重點，吸收對手優點才是過招目的

在你和高手過招之前，有件事多多老師要提醒你，那就是**和高手過招，盡量不要在意勝負，而要盡可能地學習高手的優點，以彌補自己的缺點。**

多多老師認識一個小學生，他和高手過招的時候，特別擅長向對方學習。每當對方勝過他，他就會請教對方的學習方法，因此每次和高手過招，他都有所收穫，而且愈學愈多。

和高手的過招時，勝負一點都不重要，重點是我們能不能從競爭過程中學到什麼。所以當我們挑戰高手的時候，先把勝負放在一邊，多問問對方的方法吧！

（2）反省自己的失敗，邁向下次的成功

你會主動與高手過招嗎？

其實在實際的學習和生活中，多多老師發現很多小朋友是樂於與高手切磋的，然而老師也發現，不少小朋友和數學高手過招之後，只顧對自己的失敗咳聲嘆氣，卻忘了及時反省自己失敗的原因，導致他們一次次和高手過招，卻也一次次失敗。

多多老師認為這樣的競爭是沒有什麼意義的。和數學高手過招最主要的目的，是在和他們較量的過程中，發現自己的不足、學習對方的優點，進而提高自己的成績。

因此每次較量後，我們最好能反省自己的失敗原因、分析自己和別人的差距，那麼這些經驗就會幫助你取得下次的成功。

與高手過招的重點

◎勝負非重點，吸收對手優點
　才是過招目的。
◎反省自己的失敗，才能成為
　更好的人。

考卷煉金術
善用考卷整理，讓你少寫幾本參考書

飛行競賽 ▶ 和紙飛機一起飄落的成績

李小白走在路上，一架紙飛機突然落到了她的腳邊。她撿起來仔細一看，發現竟是英格力的數學考卷，同時英格力和高斯也氣喘吁吁地跑到她身邊。

「嘿嘿，我做的飛機厲害吧？高斯你這次輸定了！」英格力一說完，就向李小白伸出了手，討要他的得意之作。

「誰說的？我的飛機飛得更遠，不然我們操場上見真章。」高斯不服地說。

李小白往高斯手中一瞥，看到高斯的手裡也拿著一架紙飛機。不用說，一定也是他的考卷做成的。

李小白把紙飛機放到英格力手中，故意重重地嘆了口氣說：「唉，我終於知道你們倆的數學成績為什麼總是上不去了。」

「為什麼？」說到數學，這確實是英格力和高斯的痛處，所以他們倆齊聲問道。

「就是這個啊。」李小白指了指他們手中的紙飛機。

「這個？」高斯驚訝地看著手中的飛機。

「考卷能有什麼用啊？對我來說，考差的考卷就是讓我明白自己有多差的。」英格力無奈地說。

「你們倆跟我來，我讓你們看看考卷的妙用。」李小白

抬頭挺胸地走在前頭，高斯和英格力面面相覷，最終還是跟著她走了。

回到教室，李小白從桌子裡搬出一疊紙張，「砰」一聲放在課桌上。仔細一看，竟然都是訂得整整齊齊的考卷，足足有幾十張。

「李小白，你竟然有這麼多閒工夫整理考卷？」高斯覺得李小白真是讓人理解不了。

「這可不是浪費時間，你們看看我從考卷上學到多少！」話一說完，李小白就抽出一張考卷，指著上面的幾道錯題讓高斯和英格力看。

高斯和英格力仔細一看，這才發現，李小白每張考卷的錯題旁都工整地寫出這題錯在哪、為什麼做錯，然後再寫上正確步驟和答案。

看看李小白的考卷，再看看自己手上的紙飛機，高斯終於明白為什麼李小白能取得好成績了。

 多多老師分析
改過的考卷比課本洩漏更多祕密？

連高斯都被「死對頭」李小白勤懇的學習態度打動了，但其實除了態度，李小白的做法也非常值得我們學習。

正如李小白所說，考卷是非常寶貴的學習資源，**利用批改過的考卷，我們能從中學到很多課本上寫得太含糊的知識。**

很多小學生之所以這麼討厭考卷，是因為看到錯題就像自己被指責一樣。但你知道嗎？錯題裡可是藏著非常重要的資

訊。例如：你為什麼做錯這題？是因為你對概念不熟悉，還是計算能力太差，或者僅僅是你粗心大意？

找到了做錯的原因，並且努力更正彌補，下一次我們就不會在同一個地方跌倒了。

而且，**除了錯題，考卷還能告訴我們出題的方向和重點。**很多小學生在學習的時候都會犯一個錯誤，那就是分不清重點、困難點、出題點。但是透過整理考卷，我們就能發現，考卷上經常出題的部分一定是重點、困難點，而且出現在考卷上的內容大多是常考的，那麼我們不就可以根據這些資訊準備複習了嗎？

看吧，以上兩點就是考卷帶給我們的好處。其實整理考卷還有很多好處，但是多多老師最想告訴大家的是：**考卷是反映我們學習情況的鏡子，整理考卷能讓我們找到改進的方向，所以不要討厭考卷，也不要害怕考卷。**即使這次你考得不是很好，但是透過整理考卷，多多老師相信下次你的成績肯定會進步。

Tip ▶ 讓考卷帶你複習重點

（1）專挑錯題下手整理，快狠準抓出個人弱點

考卷需要整理，但並非每一題都有必要。我們應該把整理焦點放在做錯的題目上，因為這些題目大概就是你還不熟練的部分。

所以，為了不在下次考試中犯同樣的錯誤，每次考完後都該立即整理錯題，而且訂正的時候不要只寫出正確答案，還要連詳細的解題步驟跟犯錯的原因都整理出來喔！

錯了好多應用題喔。

整理到錯題本上，以後就不會再錯了。

（2）考題不會只出現一次，整理之後常複習

　　考卷整理之後，絕對不能束之高閣，不然整理好的考卷就沒有意義了！

　　多多老師見過一個小學生，每次考試之後都會整理考卷。但是每次整理好後，他就把考卷塞在抽屜裡，再也沒拿出來複習過。結果他上次考試做錯的題目，下次再考也還是容易錯，讓訂正跟整理都失去了意義。

　　所以，如果我們不想和他犯同樣的錯誤，就應該在整理考卷之後，**定時拿出來複習，把做錯的題目再算一遍**，同時透過複習，了解自己最近的進步程度。如此一來，複習考卷不僅能幫助你溫習，還能幫助你提升考試自信呢！

關鍵 9 精準練習
同類型的題目，只要做兩題

開學啦！ ▶ **高斯每天「搬家」的成效**

新學期才剛開始，高斯就背著一個大書包，手上還提著一個大袋子，滿頭大汗地走進了教室。

李小白驚訝地問：「高斯你這是要搬家嗎？」

「當然不是，這些都是我這學期學習數學的祕密武器。」高斯一邊說著，一邊把一本本的講義從包包裡掏出來。李小白仔細一看，發現全是參考書。

「你居然買了這麼多參考書啊！」李小白驚嘆道。

「從這學期開始，我要挑戰你數學高手的地位，這些參考書就是我的武器。我要比你做更多題目，這樣就能打敗你。」高斯雄赳赳氣昂昂地向李小白下了戰帖。

「我還擔心你突然買參考書是發生什麼事呢，原來是為了打敗我啊。」李小白一臉不屑地接著說：「我這麼善良大方，就先預祝你成功吧。但你以為多做幾道題目就能打敗我嗎？」

「哼哼，你是膽怯了吧？我肯定能夠打敗你的。因為學習數學就是要多算題目，做的題目愈多，分數就愈高。」

「那我們拭目以待吧。」李小白看起來一點也不緊張地說。

從這天起，高斯就進入暗無天日的解題地獄。他每天一下課就開始解題，放學回家還是解題，甚至連星期天也關在家裡

繼續解題……但是效果到底如何呢？

　　期中考考卷發下來的那天，高斯興匆匆地領回考卷，鮮紅的「90」映入眼簾，高斯好高興，卻聽到老師說：「這次全班最高分的還是李小白，她得到98分。」

　　「唉！」高斯長長地嘆了口氣，有氣無力地趴在桌上，悲嘆道：「我寫的參考書都堆成山了，為什麼還是輸給李小白？」

多多老師分析
為什麼「大量重複做題」是浪費時間？

　　可憐的高斯每天做了那麼多題目，最後仍然輸給了李小白。小朋友你們知道原因嗎？其實，答案就出在做太多題目上。

　　看到這裡，你是不是很驚訝？因為無論是老師還是爸媽都說過，學好數學就是要多算題目，多算題目才能學好數學。

　　確實，學好數學需要多做題目，但這並不是說做愈多題目愈好。實際上，對於小學生來說，**做過多的題目未必有助於提高數學成績，反而是適量但有規畫地精準做題，更能讓成績進步。**

　　這是為什麼呢？科學家研究發現：人的大腦就像一台高精密的機器，若要正常運轉，必須配合適當的休息。如果長時間學習，中間卻沒有足夠的休息，那麼大腦就容易感到疲勞，接著出現各種不良反應，像是反應慢，記憶力差，頭昏腦脹……

看到這裡，你可能會很不服氣地問：「可是做數學題不是能幫助我們學到更多知識嗎？」

這句話並不算錯，可是你知道嗎？同一類題目用到的概念都是一樣的，解題邏輯和方法也都一樣，所以我們只要適量做幾題，就可以掌握住一類題目的作法。

更可怕的是，**如果我們反覆練習某個特定題型，把大量的時間都花在這裡，那我們能學到的東西將會愈來愈少，也沒有足夠的時間去接觸其他的題型。**

因此在學習數學的時候，你一定要牢記：**並非算的題愈多愈好，而是愈有技巧地做題，學習效果愈好。**

Tip▶ 如何精準練習？

（1）分類題型與難度，廣度深度全兼顧

算數學題不能盲目求多，那麼到底怎麼做才對呢？

根據多多老師的經驗，只要按照題型分類，把每個題型都適量做幾題就行了！

一般來說，這樣的練習是較為合理且有效的：**先做幾道基礎題，加深對概念的理解；再做幾道中等難度的題目，進一步提高解題能力，大致掌握這類題型的思路和方法；最後適度做兩三道難題，發揮開拓眼界與激發創意的作用。**

相反地，如果我們大量練習同一個題型，即使你掌握了這個題型，卻也浪費了不少時間和精力，而失去練習其他題型的時間，那麼反而得不償失。

所以，只要你把基礎題、進階題、挑戰題都掌握了，那麼其實不需要大量重複地解題喔！

（2）省下的時間，可以接觸更多新題型

　　學習數學不是題目做愈多就愈好，但是多多老師認為，多接觸題型還是不可少的。

　　因為題型千變萬化，很多小學生在考試的時候遇到陌生的題型就容易緊張，導致原本應該會的題目做不出來，真的很可惜啊！但是如果遇到自己熟悉或見過的題型，他們就比較不會緊張，也能夠正常發揮實力。

　　所以，如果我們平時盡量接觸各類題型，多掌握不同類型的解題方法，這樣考試的時候比較不會驚慌。

　　其實比起「題目的數量」，「題型的豐富度」才是決定成績的關鍵。當我們接觸的題型愈多，視野就會愈開闊，知識也會愈豐富。因此在學習數學的時候，別忘了多接觸新題型。

換個角度問問看

動手玩題目，打破僵化思考，創新解法

英格力的崇拜 ▶ 李小白「變魔術」

「高斯，我發現你愈來愈聰明了。」英格力看著手中寫滿答案的參考書，羨慕地對高斯說。

這是怎麼回事呢？原來，英格力今天有幾題不會，求助高斯幫忙解答，高斯竟然全做出來了。而聽到英格力這麼誇讚自己，高斯也不禁有些飄飄然。

「那當然，在我不懈的努力下，我的數學進步速度一日千里……」正當高斯滔滔不絕地說著，卻被李小白的聲音打斷了。

「只不過解出幾題，你的尾巴就翹上天了。」

「李小白，你這是嫉妒我。因為你也發現我的數學成績進步飛快，所以害怕自己『數學高手』的頭銜被我搶走吧？」高斯反擊道。

「我嫉妒你？別說笑了！英格力，借我看你的參考書。」李小白說著就向英格力伸出手來。

英格力傻站在一旁看著兩人脣槍舌戰，聽到李小白叫他，就乖乖地把參考書給李小白，然後一頭霧水地看看高斯。

高斯也很納悶，不知道李小白葫蘆裡賣的是什麼藥。幾分鐘後，李小白給高斯出了一題。高斯一看，覺得這題十分眼熟，好像剛才英格力問他的問題，但高斯算了好長一段時間，

還是理不出題意之間的關係，只好放棄。

李小白學著老師一臉嚴肅地說：「你現在明白了吧？解出幾題並沒什麼了不起，因為一道題目還能變換多種形式，如果這樣改編也難不倒你才是真本事，代表你的腦袋夠靈活。」

「兄弟，我覺得李小白說得對。」高斯還想和李小白爭論，卻被英格力給攔住，顯然英格力已經「叛變」了。

高斯很沒面子地瞪了英格力一眼，心想：「連英格力都背叛我，看來我需要在一題多變上多下工夫啊。」

 多多老師分析

如何用「一題多變」激發靈活思考？

李小白說得對，一題多變可以讓我們的思考更靈活。小學生們，可千萬不要小看靈活的思維喔，它可是我們學好數學的必勝法寶之一。但是經過觀察，多多老師發現不少小學生在學習數學時，容易形成僵化思考。

像是有些學生做幾何圖形題時，只會套用公式，一旦題目有點彈性變化，他就反應不過來；有些學生做應用題的時候無法理解題意；有的學生做某個題型可以，但是同樣的概念換個題型，他又不會做了……這些問題如果不及時解決，在學習數學的時候就會給我們帶來很多阻礙。

而「一題多變」透過改變題目的條件和問題，把一道題目變成多道題目，恰恰可以幫助我們擺脫固定僵化的思維，從而做到觸類旁通，從一道題目中悟出多種解法。

此外，有些學生在一題多變的時候，因為感受到數學的樂

趣，積極地投入練習，結果無意中培養了自己的學習主動性。所以「一題多變」既能開發我們的大腦，讓我們學會舉一反三與激發創意，更能引發我們學習數學的主動性和積極性，那你要不要也來試看看呢？

Tip▶ 透過一題多變拓展思維的小竅門

（1）變換問題與條件，開發更多解題思路

有些小學生曾經這樣對多多老師抱怨：「有時候老師要求至少寫出兩種解法，這對我來說太難了，根本想不出來。」

的確對於部分小學生來說，從一道題目找出多種解題思路並不容易，但是對於另一群小學生來說，他們卻能夠從一道題目輕易找出兩種以上的解法，那麼他們是怎麼做到的呢？

別急，看看下面這個小學生的筆記，你就能夠明白了！

◆ **原本的題目：** 即使是同樣的內容，一本電子書的訂價大概是紙本書的7折，如果媽媽買了一本紙本書花了450元，那麼它的電子書要多少錢呢？
原題解析： $450 \times 0.7 = 315$（元）

◆ **變化題：** 媽媽花了450元買了一本紙本書，已知電子書的訂價是紙本書的七折，請問如果改成買電子書，媽媽可以省多少錢？

> **變化題解析❶：**
>
> $450 \times 0.7 = 315$（元）；$450 - 315 = 135$（元）
>
> **變化題解析❷：**
>
> $450 \times 0.3 = 135$（元）

許多題目就像這題一樣，只要變化一個條件，就能把一道題目變成另一道題目，還能多出了幾種解題思路。

如果我們把其他做過的題目都拿出來改變一下問法、條件，我們是不是就能獲得更多解題思路呢？

（2）溫故又知新，結合老概念玩出新問題

什麼是把舊題變新題呢？在回答這個問題之前，多多老師想請問你：你是否有發現，許多數學課本上的新知識，其實跟以前學過的某些內容是相關的呢？

如果你也有這種感想，那麼多多老師要告訴你，**「新舊知識之間的關聯性」**其實有助於我們做到一題多變喔！

例如：小學三年級的時候，我們學習了公斤和公克的轉換，小學二年級和四年級的時候，我們學習了毫米、公分、公尺、公里。

而在三年級，我們學會了小數，那麼小數和以前學過的長度單位、重量單位有什麼關聯嗎？

當然有嘍！我們可以用小數的形式把不同的長度單位和重量單位進行換算，然後把以前的題目轉變成這樣的題型：1公分＝0.01公尺，1公尺＝0.001公里，1公斤＝0.001公噸，1公克＝0.001公斤……

在舊題變新題的過程中，我們既學到了新知識，又複習了舊知識，把新舊知識聯繫起來，這樣不就做到一舉兩得了嗎？

你看，
只要改變一下條件，
它就變成了不同的一道題目：
1公分＝0.01公尺

這題不是已經做過了嗎？
1公尺＝100公分

第 4 章

戰勝
自我篇

打敗壞習慣，找回分數與自信

Q版漫畫學妙招
戰勝學習壞習慣的錦囊妙計

消滅日常壞習慣，把分數逐一救回來

　　千萬不要小看粗心、馬虎、分心等小小的壞習慣，它們可是讓你的成績「居低不上」的「大壞蛋」，害你東錯一點題目、西扣一點分數。趕緊像消滅敵人一樣消滅它們吧，把所有錯失的分數們統統救回來！

> 2公斤棉花和2公斤鐵哪個重？

> 一個字一個字地審題，才不會出錯哦。

逐字審題，躲避「因小失大」悲劇

做數學題時，看錯一個文字或數字，答案就可能大錯特錯。而要避免這種情況，有一個非常有效的訣竅，那就是**審題時一個字一個字地讀**。

當周圍有人時，你可以用筆指著字默念；周圍沒人時，你就可以大聲讀出來哦。

有一個祕訣——
讓眼珠跟著老師轉。

我上課常分心，
該怎麼辦？

讓專注力飛升的絕招：眼珠跟著老師轉

　　避免上課分心最有效的方法，除了動手記筆記之外，就是讓眼睛一直盯著老師。同時，讓你的思緒也一直跟著老師的指令轉：老師讓你思考，你就思考；老師讓你計算，你就計算……這樣就能減少分心的機會了。

你很棒！別因一兩次的失敗就否定自己

　　任何人都不該因為一次兩次的失敗就否定自己。即使你的數學成績一直不理想，只要先找出自己的學習優勢就能找到自信，多多老師相信你一定能把數學學好！

看你以後還敢不敢粗心？

審題不嚴害你雞同鴨講

開頭一步錯，導致步步錯

壯烈登場 英格力的屁股腫成巨大饅頭

　　當英格力拖著一條腿一拐一拐走進教室的時候，所有人的注意力立刻集中到他身上。

　　「英格力你怎麼了？屁股腫得那麼大，好像……好像巨大饅頭啊！」高斯想了半天，終於想到一個滿意的比喻。

　　「唉，別提了……我昨晚享受了我爸的『竹筍炒肉絲』，那滋味我一輩子都不會忘。」英格力面色愁苦地說。

　　「到底發生什麼事？你爸為什麼揍你？」高斯著急地問。

　　「往事不堪回首啊！」英格力感嘆一句，昨天晚上的事在腦海中浮現。

昨晚，英格力家

　　「英格力，你這次的數學考試怎麼又是全班倒數第一？而且才考了50分！你是不是又粗心大意了？」剛放學回家，英格力的爸爸就嚴厲地質問。

　　「不是，是老師出的題目太難了，我來不及複習……」英格力小聲辯解著。

　　「不要找理由，把考卷拿出來給我看看。」爸爸說。

　　英格力不情不願地遞出考卷，爸爸接過考卷看了看，突然

大喊出聲：「這題你怎麼能做錯呢？前幾天不是才剛做過嗎！」

英格力探頭看了看考卷，不好意思地說：「這題我做得太快了，沒有認真審視題目，結果把條件看錯了。」

爸爸生氣地從桌上拿起雞毛撢子，朝英格力的屁股上重重地打了一下，又接著問：「那這題呢？這題要計算人數，你的解題步驟沒錯，可是題目問的是總人數，你怎麼把男生的人數寫上去了？」

「我審題的時候粗略掃了一眼，以為問的是男生的人數，所以……」英格力的聲音愈來愈小，最後簡直像是蚊子一樣小聲，爸爸又朝著英格力的屁股打了一下。

就這樣，每當爸爸發現一道因為不認真審題而做錯的題目，就打一下英格力的屁股。所以，英格力的屁股才會腫成「巨大饅頭」。

 多多老師分析

審題不認真會養出可怕大怪物？

很多小朋友覺得，審題不認真應該不是什麼大不了的事，但這個想法其實大錯特錯，不認真審題可是嚴重的考試大忌呀！

做數學題目時，**審題是第一步，也是最重要的一步**。因為如果不認真審題，那麼即使考試題目是你會的，你還是會做錯。

你想一想，為了考試能考好，你做了那麼多的準備、複習

了那麼長的時間，最後卻因不認真審題而失分，付出的辛苦都沒有收到回報，難道不可惜嗎？

另外，千萬不要覺得不認真審題只是一件小事，其實它就像一隻正在不斷生長的小蟲子，剛開始很小隻，後來會愈長愈大，總有一天會變成「粗心草率超級大怪物」，並且一直跟著你、纏著你，讓你在每次考試都因此而丟分。

因此我們在解題時應該仔細審視題目，不要因為審題不嚴而丟分，更不能讓自己養成粗心草率的壞習慣。

Tip▶ 強化審題能力的每日鍛鍊

（1）讀到哪畫到哪，標出陷阱好提防

多多老師曾經聽過不少小朋友這樣說：「只要考試的時候認真審題就行了，平時寫題目哪有空一個字一個字地看呢？」

可是老師想問你們：「平時審題不認真，到了考場上就會認真嗎？」

老師可不這樣認為。**認真審題是一種能力，也是一種習慣，需要平時足夠的鍛鍊和積累。如果沒有熟練，審題不嚴就會成為一種壞習慣。**

所以我們寫家庭作業的時候，也要嚴格要求自己仔細審題，最好做到一個字一個字地去讀，把每句話的意思弄清楚，把條件之間的關係給理順，標注出題目中的細節或陷阱等。

把平時作業當作考試一樣嚴格要求自己，才能養成認真審題的好習慣，等到上了考場，你才能做到仔細審題。

（2）刻意用「易讀錯的題目」鍛鍊審題能力

有些數學題目會在題幹中設置陷阱，讓你在審題的時候一個不小心就掉進去，結果把整題都做錯。

那麼我們是不是可以刻意使用一些容易看錯的題目，來鍛鍊自己的審題能力呢？多多老師認為這是可行的。

曾有這樣一個小學生，他在審題的時候很容易犯錯，所以他根據自己的錯誤，刻意找了一些題目來鍛鍊自己。

例如：2公斤棉花和2公斤鐵哪個比較重？

不認真審題的話，我們腦中立刻冒出的想法一定是鐵比較重，但是認真審題就會發現，題目都已經說了，棉花和鐵都是2公斤，那麼它們就是一樣重。

這樣的題目，答案往往就在題目中，只要認真審題就能輕鬆找出正確答案；不認真審題，則很難發現其中的奧秘。

當你接觸愈多這類題目，思維就會愈縝密，犯錯的地方就會愈來愈少。久而久之，你就能養成認真審題的好習慣。

養成認真審題的
兩個好習慣

◎審題時一個字一個字去讀，並且隨手標出題目的陷阱與重點。
◎刻意用「易讀錯的題目」鍛鍊自己的審題能力。

粗心草率扯後腿

害你本來會寫的題目，都拿不到分數

閉門苦讀也沒救 ▶ **太冤枉了！明明我會算**

　　數學考卷發下來後，高斯拿著自己的考卷，有氣無力地趴在桌上，嘴裡還小聲嘀咕著：「這怎麼可能呢？前一段時間我那麼認真學習，怎麼會又輸了？」

　　確實，為了打敗李小白，前一段時間高斯閉門苦讀數學，本以為這次考試能夠超過她，卻還是以十分之差落敗，高斯甚至不知道這十分究竟是差在哪裡。

　　「高斯，你咳聲嘆氣也是沒用的。如果你真的想知道自己輸在哪裡，不如讓我幫你看看吧？」李小白釋出善意，對著高斯說。

　　「李小白竟然會這麼好心？」高斯心中懷疑著。不過雖然他心存疑慮，最後還是把考卷給了李小白。

　　李小白看了題目，就開始一一清點高斯的錯題：「你看這題，你的小數點點錯了一位，被扣一分；這題直式答案對了，可是空格裡面的答案填錯，又扣一分，實在有夠粗心……還有還有，你看這裡，又因為粗心扣兩分！再看看這邊，最後的應用題，5＋8你竟然寫等於14，答案算錯，扣三分……」

　　「好啦好啦，你別算了！」高斯一把搶過自己的考卷，他終於發現，明明這些題目他都會算，可是偏偏輸在粗心上，實在有夠冤枉！

別讓一次粗心毀掉你的多年的準備

高斯總算醒悟過來，發現自己因為粗心而輸得多冤枉了。

其實，多多老師發現不少小學生在學習的時候，容易和高斯一樣，犯下粗心草率的毛病。如果爸媽或老師告訴他們，他們還會不服氣地說：「粗心有什麼大不了的？」

但看看高斯的經歷，粗心真的沒什麼大不了的嗎？

「粗心」看似不是什麼大問題，實際上卻是學習的大敵。有些小學生非常聰明，也非常努力，為了一場考試準備了很久，但是最終因為粗心，犯了很多不該犯的錯誤，導致該做對的題目沒有做對，該得的分數沒有得，因此成績始終無法進步。

現在你可能覺得一分、兩分沒什麼大不了的，但你知道，在未來的會考、學測、指考中，每一分都很重要嗎？

全國有無數名考生，因為一分之差，也許彼此間就相差十幾、二十幾個名次；也許就因為一分之差，你就會被對手打敗；也許就因為一分之差，你被志願學校拒之門外！所以我們應該趁早改過粗心的毛病，避免未來的遺憾。

Tip ➤ 如何根治粗心的毛病？

（1）培養日常檢查的好習慣

我們要如何徹底杜絕粗心的毛病呢？其實，只要寫完題目之後，好好地檢查一番，久而久之就會養成細心的好習慣。

多多老師認識一個小學生，以前他做題目的時候總是因為粗心被扣分，所以他下定決心，後來每次寫完題目都會檢查。剛開始，他是一遍一遍地檢查，第一遍檢查出很多不該犯的錯誤，改正之後再檢查一遍，還是能發現不少錯誤，於是他再檢查第三遍……

經過不懈的努力，他需要檢查的次數愈來愈少了，如今只需要檢查一遍，就能發現所有粗心造成的錯誤，不知不覺間已經改掉粗心的壞習慣。

如果我們和這個小學生一樣，容易因為粗心犯錯，那麼就嚴格要求自己多檢查幾遍。每檢查一次，你的錯誤就會減少一些，只要能夠長久堅持，粗心的毛病並不難治好。

（2）吃飽睡飽，集中精神就能避免粗心

科學家研究發現，當一個人集中精力去做某件事的時候，他就會非常投入、非常認真；但是如果這個人不能集中精力，那就會因為心不在焉，犯下很多原本不該犯的錯誤。

這個科學研究啟發我們：若要避免粗心，學習的時候一定要集中精力。為了達成目標，我們在學習的時候可以採用一些方法輔助，例如：

◆將自己的房間營造為適合專心學習的環境。
◆專注當下，制定固定的學習時段。做到讀書的時候不要分心想著去玩，玩樂時也要拋開書本盡興地放鬆。

若我們能在學習時做到一心一意的專注，那麼「粗心」也就無處藏身了。

避免粗心的要訣

◎養成檢查的好習慣，寫完
　作業都要立即檢查。
◎專注當下，避免分心。

缺乏仔細檢查的耐心

訂正罰寫好痛苦，只恨當時不檢查

賭上冰淇淋 ▶ 李小白在雞蛋裡挑骨頭？

「寫完了。」高斯寫完最後一個數字後，立刻闔上課本和習作，哼著歌開始整理書包，但是旁邊的李小白卻一動也不動。

高斯偷偷地瞥了一眼，發現李小白早就寫完作業了，現在正在檢查。

「女生就是麻煩，連做個作業也要檢查。」高斯看似無意地大聲嚷嚷道。

李小白停下手中的筆，轉頭對著高斯說：「檢查是寫完作業的必要步驟，不是麻煩。」

「檢查就是麻煩。不只浪費時間，還沒什麼用。」高斯聳聳肩，對李小白的答覆不以為然。

「呵呵，沒用？」李小白冷笑道：「那我幫你檢查作業，每發現一個錯，你就請我吃一次冰淇淋，怎麼樣？」

「好啊，那我如果全對，就換你幫我買最近新出的漫畫。」

「一言為定。」說完，李小白就翻開高斯的作業本，替他檢查了起來。而高斯則開始想像著自己手拿最新的漫畫，從兄弟們面前風光走過，看到他們幾個對自己無限崇拜的模樣……

高斯正沉浸在幻想中，李小白的聲音卻突然響起，把高斯

戰勝
自我篇

勁敵

3

缺乏仔細檢查的耐心

拉回到了現實。

「你看，這裡的直式沒有對齊，一個冰淇淋……這裡要求保留小數點後兩位，你卻保留了三位，兩個冰淇淋……這裡的應用題你沒有寫『解』……」

「李小白你檢查得也太仔細了吧！簡直是雞蛋裡挑骨頭！」高斯趕快把習作搶回來，悲憤地哀號著。

「這些錯誤在寫作業的時候不改掉，考試的時候就容易因此失分。一個錯誤失不了幾分，但是幾個錯誤加在一起就是好幾分。我幫你找回來這麼多分，你要請我吃幾次冰淇淋啊？」李小白狡黠地眨眨眼睛。

高斯看了看自己的習作，又摸摸自己的錢包，心底哀號一聲：「再會了，美味的冰淇淋……再會了，最新出的漫畫……」

多多老師分析
檢查作業是浪費時間嗎？

高斯的作業光靠一次檢查就能發現這麼多錯誤，如果發生在考場上，那能挽回多少分數啊！

其實，多多老師曾經接觸過不少小朋友，他們普遍認為檢查是浪費時間，做不做都一樣。這種想法，在多多老師看來是非常錯誤而且危險的。

因為我們小學生不是機器，在答題的過程中難免會犯錯。而且數學是一門追求精準的學科，它要求我們保持細心認真，否則看錯一個符號、寫錯一個數字，就會讓我們的作業錯誤百出。所以每次寫完作業，都應該耐下心來，認真地檢查一遍。

此外，檢查作業除了可以幫助我們學習，還可以讓我們在其他方面受益。例如：檢查可以培養我們耐心與細心的特質，讓我們沉住氣把一件事做到最好，而不是得過且過，應付了事。

很多成功人士之所以能夠做大事，就是因為他們兼具耐心與細心的人格特質。因此我們在學習的時候，也試著向他們看齊吧！

Tip 破除盲點、節省時間的效率檢查法

（1）檢查不是全部重做一遍，應先檢查重點大題

有些小學生具備檢查作業的好習慣，但在執行過程中，卻無意間犯了一個錯誤，那就是「把檢查當作再做一遍」。

這種檢查方式雖然非常仔細，但會浪費我們多少寶貴的時間啊？所以，多多老師教你一個非常實用卻簡單的檢查的方法，那就是「**小題簡單檢查，大題重點檢查**」。

「小題」就是那些簡單的計算題，例如基本的加減乘除等。這些題目我們粗略看一遍答案就好，不需要重新再做一遍，長久堅持下去，我們就能一眼看出答案是不是有問題。

而「大題」則是指那些幾何圖形題、應用題，需要複雜運算，或者題型靈活變化的題目。例如有些題目需要畫圖，我們可以看看自己畫的圖形是否正確、列的方程式是否正確；還有些需要邏輯演繹的證明題，我們也可以檢查自己的思路有沒有走偏；對於那些比較複雜的運算，最好再做一遍，這樣可以減少運算中出現的小紕漏……

只要做到這些，我們就可以在小題目中省下一些時間，把

這些時間投注在大題目上。要記住：**檢查有重要順序之分，這樣就能既不浪費時間，又提高了效率。**

（2）突破盲點的高招：跟同學相互檢查作業

多多老師發現有些小朋友很難發現自己作業中的錯誤，但是如果讓他們檢查他人的作業，卻很容易就把錯誤揪出來。

因此，多多老師想到一個方法，那就是**在剛開始練習檢查作業的時候，我們可以和同學交換作業檢查。**

此時有些小朋友會不服氣地說：「幫助別人檢查作業對自己有什麼幫助呢？我們發現的都是別人的錯誤啊！」

如果你也抱持這種想法，那就大錯特錯了。

因為經過多多老師認真的觀察，發現不少小朋友犯錯的地方都一樣，例如：小數點的位數、分數的乘法和除法、最大公約數和最小公倍數等等。

如果我們在幫助別人檢查的時候，能發現這些錯誤，那麼當我們檢查自己作業的時候，也會無意識地把這些地方當作檢查的重點。這樣一來，我們不僅節省了很多時間，還慢慢掌握了檢查的方法，就能養成了檢查的好習慣喔！

讓別人檢查自己的作業，更容易檢查出錯誤。

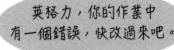

英格力，你的作業中有一個錯誤，快改過來吧。

老師在說，你都沒在聽
上課分心，課後複習也會事倍功半

上課發呆 居然被老師抓包，好糗！

「同學們，今天我們複習一下幾何圖形，請大家回想一下生活中有哪些圖形呢？」

數學老師的話音剛落，同學們就開始你一言、我一語地展開討論，氣氛熱鬧不已。

高斯一手托腮，十分悠閒自在地望著窗外，心想：「哎呀，今天天氣真好，如果能出去玩該有多好啊。」

「老師，有圓形，人孔蓋就是圓的。」一個學生舉手回答。

「人孔蓋？我家附近就有一個，前幾天還被哪個沒道德的傢伙給偷了呢。」高斯立刻聯想到了自己家門前的人孔蓋。

「老師，有三角形，腳踏車車架中間就是個三角形。」另一個學生回答道。

「腳踏車啊？我生日的時候一定要讓爸爸送我台腳踏車，然後趁暑假好好學，等開學了，就可以騎車在大家面前炫耀了。」高斯愈想愈陶醉，連臉上都忍不住流露得意的笑容。

「高斯──」老師悠長的聲音在耳邊迴響。

高斯像是突然被吵醒一般，迅速地站起來，吞吞吐吐地回答道：「在，在……」

「你來回答一下，三角形根據角度大小可以分為幾類？」

高斯瞪大了眼睛，驚呼：「剛才不是還在說腳踏車嗎？」

全班同學發出哄堂大笑，老師狠狠瞪了高斯一眼，就讓他坐下了。

高斯沮喪地坐下，看到李小白在自己的計算紙上寫了幾個大字：上課在發呆，考試全不會。

「李小白真是大驚小怪，發呆又怎麼樣？也不會影響別人。我自己課後複習不就好了嗎？」高斯滿不在乎地想。

 多多老師分析

上課摸魚，能靠複習輕鬆追上嗎？

上課發呆，真的影響不大嗎？多多老師可不這麼認為。相反地，在老師看來，上課發呆可是影響學習數學的一大勁敵。

小朋友，你們知道「骨牌」嗎？當第一個骨牌推倒了，就會把第二個骨牌也壓倒，第二個骨牌再壓倒第三個……直到最後，全部的骨牌都被推倒了。

而「課堂」是我們汲取知識的第一個場所，也是我們學習新知識的第一個環節。在課堂上，老師會給我們講解新概念和定理，會說明概念和定理的推算步驟，會解釋例題的作法和出題邏輯，會帶領我們開拓思考方向……

總之，**課堂就相當於「第一個骨牌」，如果這個環節沒有做好，被推歪了，那麼後面的學習就會像其他骨牌一樣，受到影響而紛紛倒下**。最後使得我們課堂練習題不會做、回家作業頻頻出錯、考卷上留下一片空白……更嚴重的，還會影響我們

國中以後的數學學習呢！

因為不管是小學還是國中，所有知識都是緊密相關的，尤其是數學，知識之間的關聯性更強。小學的知識沒學好，肯定會影響你國中階段的課業，因此小朋友在聽課時一定不要分心哦！

另外有些小朋友和高斯一樣，認為上課分心發呆沒關係，只要下課好好複習就可以了。可是多多老師要跟你說，如果沒有老師的幫助，僅憑我們自己的力量，是很難學好新知識的。

上課的時候有老師帶領我們學習，我們只需要跟著老師的講解進行思考，就可以很快地吸收新知識。所以上課時不好好聽講，下課再自學，反而會白白浪費很多寶貴的時間呢！

Tip 幫你改善上課分心的３帖處方

（１）事先設定聽課目標，跟隨老師不迷航

有些小學生在聽課的時候一直神遊，但等到下課鈴聲響起，卻又感到懊悔，甚至一遍遍地責備自己說：「我怎麼總是管不住自己？」

他們真的是管不住自己嗎？其實根據多多老師的觀察，這些小學生不是管不住自己，而是上課的時候沒有目標。

你可能會納悶，想說：「目標？上課也需要目標嗎？」

是的，上課當然需要目標啊！有了目標，上課時你才有集中精力的動力，而且等到目標達成時，伴隨而來的成就感會讓你更期待下一個挑戰。

所以**若你也總是忍不住在課堂上分心，那麼上課前最好給自己施加一點點壓力，為自己制定聽課的目標。**例如：在數學

課開始前，我們可以先預習一下課本上的目錄，看看這一章節會講解哪些概念和定理，不妨給自己提幾個小問題。帶著目標和問題去聽課，你就會不知不覺地跟著老師講課的節奏走，當然就不會再分心了！

（2）左鄰右舍互相鼓勵，一起戰勝分心

如果你實在控制不住自己，總是不由自主地分心，那麼不用著急，你可以拜託身邊的同學督促你、提醒你。

根據長時間的觀察，多多老師發現在小學生中，同學的影響力是非常大的。有時候老師和家長的反覆叮囑，會讓我們覺得煩，可是同學之間的互相打氣，卻能使我們精神百倍。

同學是最好的戰友，而且坐得近時，更能察覺彼此的狀況。當同學和你一起向分心「開戰」的時候，你還怕自己改不掉這個毛病嗎？

（3）貼心紙條的精神喊話，告訴自己我能專心！

科學研究發現，小學生之所以容易分心，是因為生理發展還不成熟，專注力有限，因此連續聽課二十分鐘左右，身體和大腦就會感到疲憊。看來，分心還跟我們專注力的時間長短有關呢！但難道這樣就注定我們上課時一定會分心呢？

多多老師可不這麼認為。如果我們懂得運用一些方法，是可以做到長時間集中注意力的。

多多老師認識一個孩子，他之前上課的時候也經常分心，但後來他在桌上貼了一張紙條，寫著：「集中注意力，你一定可以的」，後來真的有效改善了他的分心情況。

根據他的說法，每當這個小學生聽課感到疲憊的時候，看

到這個紙條就會覺得渾身充滿力量，精神也變得振奮，於是他就會重新集中精力聽課了。時間一久，他注意力集中的時間也愈來愈長，就很少再分心了。

　　如果你也會上課分心，不妨試試這個方法吧！

一次考差就喪失信心

這次考不好，還有東山再起的機會

高斯的挫折 ▶ **這次考差了，以後怎麼辦……**

下課十分鐘，同學們都跑出去玩了，可是高斯卻無精打采地趴在桌上。

「怎麼了？這麼安靜的高斯，還真讓人不習慣。」鄰桌的李小白關心地問。

「唉，我這次考試沒考好。我明明覺得自己已經很努力準備了，可是考試時卻沒有發揮實力。」高斯長長地嘆了一口氣，然後抓起數學課本，隨意地翻著，但是愈翻心裡愈亂。

「哎呀，不看了，愈看愈不想學！現在這麼簡單的考試我都考不好，以後遇到更難的內容該怎麼辦啊？」

「不就是一場考試嗎？失敗就失敗了，你沒有聽過『失敗為成功之母』？。」李小白說。

「你說得真輕鬆。那是因為你沒有失敗過，當然不知道失敗的痛苦啦！況且現在這麼簡單的程度我都學不好，等升上高年級，一定會更糟……」高斯愈說愈絕望。

「好了，高斯。雖然課本的內容會愈來愈難，但隨著年齡的增長，你也會變得更聰明啊！到時候，這些內容對你來說根本不成問題。才一次考試失誤，你怎麼就這麼沒自信？我跟你說，一次考試失誤不僅不會影響學習，反而對學習有好處呢！」

多多老師分析

考試失誤真的能為學習帶來好處？

你覺得李小白說得對不對呢？一次考試失誤真的對學習有好處嗎？

可能你會噘著嘴不服氣地說：「李小白說得當然不對，考試失誤了，成績就不好，名次也不高，老師和爸媽會罵我們，同學們也會笑我們，這些能算好事嗎？」

如果僅僅把目光放在成績這方面，那麼考試失誤當然算不上什麼好事。可是如果我們把目光放得長遠，不要過度關注一次兩次的成績，而是關注學習數學的整個過程，那麼你就會發現，一次考試失誤能為學習提供非常大的幫助。

這是因為，**考試失誤會把我們的缺點暴露出來，讓我們看到哪些方面還需要改進**。例如，因為計算錯誤而失分，那麼我們在課後就應該多鍛鍊自己的計算能力，避免下一次在計算問題上出錯；因為觀念錯誤而寫錯的，我們在課後就應該著重理解觀念；粗心大意導致失誤的，我們就該在下次考試的時候嚴格要求自己，要認真細心地檢查……

總之，一次考試失誤沒有什麼大不了的，只要找到失誤的原因，並且在課後加以彌補，下次盡量避免犯同樣的錯就可以了。

所以，別因為一次考試失誤就灰心。我們應該把這次失誤當作一次教訓，從中汲取經驗，避免下一次再犯。

Tip▶ 這次考試失誤後，該如何重新出發？

（1）反省失誤的原因，從跌倒的地方站起來

考試失誤的背後，都必然有其原因，這些原因很可能就是我們學習上的漏洞。只要找出失誤的原因和相應的對策後，就能及時彌補漏洞，避免下次考試又出同樣的錯。

一次失誤並不可怕，可怕的是沉浸在失誤中，喪失自信。所以當考試失誤的時候，我們要做的並不是為了失誤自責，而是該立即總結原因，找出對策，才能不斷進步。

（2）制定下一步學習目標，揮別過去陰霾

「如果一個人覺得自己有事可做，那麼他就不會過分沉溺於以前的過失中了。」每當有小學生為自己的一次失誤而自責時，多多老師都會告訴他們這句話。

這句話告訴我們一個道理：**過去的事就過去了，放眼於現在和未來，我們才能從過去的失誤中走出來。**所以當考試失誤的時候，我們首先要做的，就是將注意力從前次考試中轉移，**制定接下來的學習計畫，讓自己每天都有學習目標**，每天都能學到新的知識。

其實，失誤是每個人都會遭遇的情況，儘快從失誤中走出來，並且把重心放在後續的學習上，才是最明智而正確的做法。

帶你走出考試
失誤的兩個步驟

◎找出失誤的原因和對策，將失
　敗的痛苦轉化為經驗。
◎走出低潮，制定下一步的讀書
　計畫，再接再厲。

自己先放棄自己
其實不是學不會，而是優點沒發揮

英格力的悲傷 我好像不是學數學的那塊料……

「我已經放棄學習數學了。」走進教室，英格力徑直走到高斯身邊，神情凝重、語氣悲壯地說。

「怎麼了？」高斯看到英格力那麼消沉，也有點緊張。

英格力從書包裡拿出一疊考卷，說：「你看，這是我這個學期以來的所有數學考卷，看看上面的分數，沒有一個考到70分的，而且昨天的考試竟然沒有及格，所以我終於接受了一個沉重的事實：我不是學數學的料。今天的數學作業我就不寫了，你的借我抄抄。」

英格力正要轉身離開，手臂卻被高斯緊緊地拉住。

「兄弟，你怎麼能夠這樣自甘墮落呢？」高斯熱血沸騰地說：「其實，你在學習數學方面還是有很多優點的，例如……」

高斯想了半天，可是實在想不出英格力在數學方面有哪些優點，英格力失望地嘆口氣，轉身準備要走。

正在這時，李小白從不遠處走來，開口為高斯解圍：「英格力的優點啊，就是心思細膩，頭腦靈活，能周全地思考問題。」

「這些是我學習數學的優點嗎？」英格力張大了嘴，疑惑地問著。

多多老師分析

你真的天生不是學數學的料嗎？

在日常的學習生活中，多多老師見過不少小朋友都有這樣的問題：一旦在學習數學的過程遭遇困難，就會自暴自棄地說自己不適合學數學。可是，他們是真的不適合學習數學嗎？多多老師可不這樣認為。

的確，數學既要我們思慮縝密，同時又需要我們靈活思考，所以很多小朋友在剛開始學習數學的時候，都會遇到一些小困難，但這些困難是每個人都會遇到的，也是可以解決的。

因為大家的優點與強項都不同，因此一開始容易上手的領域也不一樣，但只要好好發揮自己的優勢，那麼只要再多努力一點，多多老師相信你一定能學好數學。

所以，在小學階段，不管你在數學上遭遇了怎樣的困難，都不要輕易地說自己不適合學習數學。努力挖掘自己的優點，堅持不懈地學習下去，你一定能學好數學，說不定，你還能成為數學小天才呢！

Tip 帶你一步步建立自信的２個關鍵

（１）從「不錯」的地方，發掘自己學習數學的優點

什麼樣的人會對自己充滿信心呢？多多老師認為，一個人的自信源自對自己實力的認可。如果一個人認為自己是有實力的，那麼他就會對自己充滿信心；反過來說，如果一個人認為自己一無是處，那麼他的自信又從何而來呢？

因此，對於小學生來說，如果想要獲取學習數學的信心，就一定要找到自己在學習數學方面的優點。只要發現了自己的優點，就能找到自信的源頭！

可能有些小朋友會喪氣地說：「我也想找到自己在數學上的優點啊，可是我根本就沒有優點，想找也找不到啊。」

但是事實真的如此嗎？多多老師認為答案正好相反，每一個小學生在這方面都是有優點的，只是有些人的優點目前比較不明顯，需要我們深入挖掘。如果沒有半點頭緒，我們可以試著觀察自己的考卷與作業，找出自己的強項，或是跟老師聊聊以及和同學們交流意見，你會獲益良多的。

（2）不跟別人比成績，只跟自己比進步

在日常生活中，你是不是有這樣的經歷呢？當考試得到95分的時候，我們本來很高興，但是在看到其他同學得到100分之後，這份喜悅立刻被澆熄了；或是自己努力苦讀了很久，本以為這次考試會考得很好，可是成績下來後，卻發現我們的分數還是遠遠不如班上的第一名，而頓時對自己感到失望。

如果你也有這樣的經歷，那麼多多老師告訴你一個幫助自己建立數學自信心的訣竅：**不跟別人比成績，只跟自己比進步。**

例如你可以關注自己一點一滴的進步，看看今天是否比昨天學得更多，昨天的疑問今天是不是都得到了解答。

當我們跟自己比較，嚴謹要求自己的時候，我們就能看到自己的進步。一個一直在進步的人，就像一個始終沒有停止攀爬的登山者。或許這個登山者離山頂的距離很遠，但是每一天這個距離都會縮短，這樣的話，爬到山頂只是時間問題，我們

有什麼理由現在就失望呢？

　　所以，我們只要自己跟自己比較，讓點滴的進步激勵你不斷前行，你就永遠不會失去前進的動力和信心。

雖然這次才剛好及格，
但比起上次卻進步很多了！

第 5 章

生活
應用篇

5 個數學訣竅讓你成為「生活智慧王」

Q版漫畫學妙招
從生活學數學的實用策略

> 向別人講解一遍題目，
> 功效等於自己複習了好幾遍。

當「小老師」讓自己功力倍增

如果你經常做錯某一類型的題目，那該怎麼辦？最好的方法就是自己解析後，親自講解一遍給別人聽。在講解過程中，我們的思路會愈來愈開闊，而且還能加深對解題方法的印象喔！

幫媽媽算算這次存款的利息是多少？

算利息要用到小數和分數，太麻煩了。

在生活中進行精確計算，能提升我們的計算能力喔！

平日精打細算，運算能力LEVEL UP！

　　電費、水費、買菜錢……生活中有許多需要我們進行計算的地方，而且有時算起來還不簡單，除了數目可能很大，有時還要用到分數、小數。遇到這種情況，我們千萬不要怕麻煩，因為只要親自動手進行精確運算，我們的計算能力就會有明顯進步。

留住零用錢的祕訣

精打細算記帳本，算數存錢一把抓

重責大任 ▶ **高斯當起了小會計**

今天數學考卷發下來了，高斯同學又以59分的「好成績」，「光榮」地跨入了不及格的行列。

磨蹭了老半天，高斯才以烏龜般的速度「挪」到家門口，小心翼翼地開門，靜悄悄地把考卷放在客廳的茶几上，再躡手躡腳地走回自己的房間……

就在高斯以為這一切進行得神不知、鬼不覺時，媽媽那嚴肅的聲音突然從他身後響起：「高斯，這次數學考試又沒考好了對不對？」

高斯像是被強烈的電流擊中一樣，緊張地抖了一下。然而出乎他意料的是，媽媽並沒有罵他，更沒有打他，而是溫柔地對他說：「斯斯，媽媽教你一個祕訣，可以幫你快速提升數學成績。」

高斯目瞪口呆地愣在那裡，不僅僅是因為媽媽的溫柔，更是因為那句話。高斯緊張又期待地問：「什……什麼祕訣？」

媽媽神祕一笑，用更加和藹親切的語氣對他說：「從今天起，你就當我們家的『會計』吧！像買菜、記帳、算帳之類的事情，都由你來負責。」

就這樣，高斯當起了家裡的小會計。為了避免算錯被爸爸媽媽嘲笑，高斯每天都會把帳單算上三遍；為了防止賣菜的老

闆多收錢，每次買菜時，高斯都搶著算價錢。

就這樣堅持了一個月，你猜結果如何？

數學考試經常不及格的高斯，讓全班都跌破了眼鏡，數學月考竟然考了全班最高的96分！

多多老師分析

斤斤計較對學數學很有幫助？

你知道會計每天要做的事情是什麼嗎？當然是計算、計算，再計算了。高斯做了「會計」之後，當然也要經常計算，所以在這個過程中，高斯的計算能力短時間內就突飛猛進了。

你可能充滿懷疑地想說：「難道計算能力變強了，數學成績就能提高嗎？」

當然不是！高斯進步的原因，除了計算能力提升外，其實更重要的是因為高斯在做會計的時候，還鍛鍊了另一種能力，那就是「認真」跟「細心」。

多多老師問你，會計最怕什麼呢？當然是最怕出錯了。

哪怕只是一個小數點出了錯，就會造成幾百、幾千，甚至比上萬更多的損失。為了防止出錯，不管是在買菜還是算帳，高斯都只能認真、認真，再認真了。

當認真成為一種習慣，並運用到數學學習上，那麼解題時粗心犯錯的機率會降低，高斯的數學成績當然就提高嘍！

Tip ▶ 在家當會計有什麼好處？

（1）一兼二顧，學算術又抓牢零用錢

平時你都是怎麼花零用錢的呢？其實除了買東西之外，零用錢還有一個大大的妙用，那就是鍛鍊你的計算能力。

多多老師認識這樣一個女孩，她每個月領到零用錢之後，不是直接去買東西，而是先計算。

首先，她在一張紙上詳細列出要買的物品，例如，小說200元、原子筆25元，零食60元……然後再計算，買完清單用品後還剩多少錢、要存多少錢，最後從剩下的款項節制使用，每項支出都要經過詳細的計算。就這樣，這個女孩計算的能力超強，因此還被同學們尊稱為「神算小天才」呢！

怎麼樣，沒想到零用錢也有這樣的妙用吧？那你還等什麼，掏出口袋裡的零用錢，也來計算一下吧！

（2）和菜行老闆來場對決，讓你速算能力大飛升

不要以為數學只是課本上那些枯燥的定理、公式，其實，生活中到處充滿有趣的數學呢。

多多老師每次去菜市場，都會看到這一幕：

一個小學中年級的男孩在買菜，他問老闆：「老闆，請問小黃瓜多少錢一斤呢？」

老闆說：「30元一斤。」

男孩又問：「那麼番茄呢？」

老闆答：「番茄價格是小黃瓜價格的1.5倍。」

男孩再問：「那麼馬鈴薯呢？」

老闆回答說：「馬鈴薯價格是小黃瓜價格的 $\frac{2}{3}$。」

有一次多多老師忍不住問賣菜的老闆：「為什麼不直接告訴他價格呢？」老闆笑著回答道：「繞個彎告訴他，不但能鍛鍊那孩子的計算能力，還能幫他喜歡上數學呢！」

哇，這是多麼可愛又有愛心的老闆呀！正如他所說的，在生活中多計算、多運用數學，你真的會愈來愈喜歡數學喔！

不相信嗎？下次跟媽媽去菜市場買菜時，換你跟買菜老闆來個PK，親自讓賣菜的老闆見識見識你計算的速度吧！

（3）學會詳細又清楚地記帳，應用題再也難不倒你！

每個會計都有自己的帳本，像我們這種「小會計」也要記帳本嗎？當然要啦！而且多多老師還建議你，要認真而詳細地記下每一筆帳。

為什麼要這樣做呢？這是因為記帳可以培養你認真的態度，以及養成謹慎的習慣。你想想看，當你能把雜亂的帳目都整理得一清二楚時，對你而言，非常複雜的應用題不也就成了小菜一碟嗎？當你習慣了一遍又一遍地核對帳目時，做起題目、驗算結果是不是也會更認真？

所以學會仔細而清楚的記帳，對於學習數學、打理生活都非常有幫助喔！

記帳還可以提高我的計算能力呢。

早餐三明治：30元，
下午點心冰淇淋：35元，
橡皮擦：10元，
共計：75元

參加派對也用到數學

別為蛋糕吵架啦！感謝數學帶來和平

生日派對 咦，我的蛋糕怎麼比較小？

今天是李小白的生日，她邀請大家參加她的生日派對。到了李小白家時，高斯的視線立刻被桌上的生日蛋糕給牢牢吸住了，因為這正好也是他最喜歡的巧克力蛋糕！

可是等李小白切好了蛋糕，高斯端起自己的那塊準備大快朵頤的時候，卻發現英格力的蛋糕比自己的還大。

「李小白，為什麼你給英格力那麼大一塊蛋糕，給我的卻這麼小一塊？」高斯「義憤填膺」地質問李小白。

李小白皺著眉頭說：「我又不是機器人，怎麼可能每一塊都切得一樣大。」

「哼，你明明就是故意的。」高斯不滿又委屈地說。

「不如這樣吧，」李小白嘆一口氣，對高斯說：「如果你能回答我一個問題，我就再補給你一塊蛋糕。」

李小白出的題目是這樣的：

> 有三塊蛋糕，每塊都比 25 公克重一點點，但是這裡適合的磅秤被別人借走了，現在家裡只有一台只能量出 50 公克以上重量的磅秤，請問你能想辦法量出第三塊蛋糕的重量嗎？

生活應用篇
招式
2
參加派對也用到數學

193

為了蛋糕，高斯全心全意埋頭苦算，拿著筆快速地在計算紙上寫寫畫畫。過沒多久，高斯就興奮地說出答案。

李小白大吃一驚，因為高斯竟然算出了正確解答，因此按照事先約定，高斯得到了一塊更大的蛋糕。

高斯吃著美味的蛋糕，聽著同學們的讚美，不禁開心得像要飄起來。

 多多老師分析
智慧加減法的妙用

高斯竟然能夠算出蛋糕的重量，你一定覺得很不可思議吧？其實，這並沒有什麼特殊之處。高斯之所以能這麼快算出答案，是因為他學會了一種很好的計算方法——**智慧加減法**。

什麼是智慧加減法呢？別著急，我們先來看看高斯是怎樣秤蛋糕的。只要理解這題，你就學會智慧加減法了。

高斯的算法：

首先，高斯給每塊蛋糕編號，先秤出一號、二號蛋糕的重量，總共為54.5公克，然後再秤出三塊一共的重量，合計為79.8公克，所以我們可以列出這樣的兩個式子：

一號蛋糕＋二號蛋糕＝54.5（公克）——**❶**

一號蛋糕＋二號蛋糕＋三號蛋糕＝79.8（公克）——**❷**

用第二個式子減去第一個式子，我們就可以得出三號蛋糕的重量是：$79.8 - 54.5 = 25.3$（公克）。

這題高斯所用的解決方法就是「智慧加減法」，其實在生活和學習中，我們經常能遇到這類的加減題。透過這樣的方法，能算出任何一塊蛋糕的重量。怎麼樣，是不是很簡單呢？

Tip 如何使用智慧加減法？

（1）轉個彎思考，輕鬆識破題目陷阱

小朋友你知道嗎？數學題中也有「陷阱」哦。就像李小白給高斯出的那題，它沒有直白地給出有用的條件，而是繞著彎考考你。如果你的思維不會「轉彎」，就會掉進「陷阱」裡，無論如何也算不出正確答案。

所以在平時解題的過程中，我們首先要學會看清題目的「陷阱」，思維學會靈活地「轉彎」。當我們把題目的已知條件關係理清，再難的題目也能做出來了！

但是把題目的已知條件釐清，只是解題的第一步。除此之外，還有更重要的一步等著我們呢！這一步就是要仔細計算。

為了能夠靈活思考，還有維持細心的敏銳度，我們一定要讓大腦保持清楚。如果頭腦昏昏沉沉，一定不能專心計算，因此解題前記得盡量要睡飽吃飽喔！

再來，多多老師還是要提醒大家注意小數點的位置。很多小學生就是因為不把小數點放在心上，才導致結果錯誤。「差一點」，真的會很可惜。

（2）多練習、巧練習，反覆練習沒問題

　　智慧加減法只有透過反覆訓練，才能熟能生巧。所以在日常的學習和生活中，多多老師建議大家多做練習、巧做練習。

　　那要怎麼樣才能做到多練習、巧練習呢？很簡單，那就是把智慧加減法融入到每天的生活中，例如：媽媽買菜花了多少錢、自己一個星期花了多少零用錢等等。

　　把智慧加減法融入到生活中，你會變得愈來愈有「智慧」喔。生活中處處都有學問，懂得挖掘，你就會一天比一天聰明。

使用智慧加減法
的重點

◎轉個彎思考問題，輕鬆識破題目陷阱。
◎在生活中多做練習、巧做練習。

招式

2

參加派對也用到數學

招式 3 小數據發現生活大問題

結合生活常識，用數字揪出日常問題

讓人離開電視的咒語 ▶ 爸爸你超重了沒？

「唉，怎麼做才能讓爸爸主動把電視讓給我呢？」高斯在心裡自言自語著。他本來想趁著週末追卡通進度，但是爸爸搶在前面，霸占了電視。

突然高斯靈機一動，想出了一個好方法，於是回到自己的房間，翻開課本開始寫寫畫畫。過沒多久，高斯拿著紙筆和課本，嚴肅地走進了客廳。

「爸爸，先不要看電視了。作為兒子，我必須和你進行一場非常嚴肅的討論。」高斯鄭重其事地說。

「什麼事？」爸爸轉頭問道。

「你已經超重了，從現在開始需要運動。所以請你關了電視，出去運動吧。」高斯沉穩地說著，儼然像是一個健康專家。

「不可能，我怎麼會超重呢？」爸爸搖搖頭，拒絕接受這個訊息。

見爸爸不相信自己，高斯立刻拿出手中的書、筆和紙，故意用沉重的語氣說：「你看，這本書上說『中年男人的理想體重＝（身高公分數－80）×0.7公斤』，根據這個公式，我得出你的理想體重是80公斤，但是爸爸你現在卻已經90公斤了，這可是非常嚴重的超重呢！」

爸爸看著高斯的計算結果，沉默了一會兒，然後從沙發上

站起來，說：「高斯你算得沒錯，爸爸真的超重了，看來我得去鍛鍊身體了。」說完，爸爸起身，步伐沉重地離開電視前，看起來像在懊惱昨天又多吃了一包洋芋片。

「成功了！」高斯激動地差一點跳起來，他興奮地拿起遙控器，開心地轉到自己最喜歡的卡通台。

 多多老師分析
一起動動筆關心家人健康

我們回家也可以學學高斯，套用「**理想體重＝（身高公分數－80）×0.7公斤**」這公式，算一下自己與家人是不是超重了。

當然在計算之前，我們需要知道對方的實際體重和身高，然後我們就可以根據身高，算出他的理想體重。

如果家人的體重超過了理想體重，就代表他超重了，記得提醒他們要注意身體健康、平時全家一起出門多運動喔！

事不宜遲，現在就用這個公式計算一下，你的爸爸是不是也超重了呢？

Tip ▶ 同時提升「生活知識、數學能力」的好方法

（1）加入生活經驗，讓數學活跳跳

數學不僅是一門學科知識，還是一種生活技巧，只要認真觀察，我們就會發現數學知識和現實生活緊密相連。

例如學習圖形的時候，我們可能會搞混三角形、圓形、長

方形、正方形的特點，可是如果在現實生活中多多觀察，你會發現這些圖形知識其實無所不在。

例如：為什麼人孔蓋都是圓的呢？因為圓內的直徑都是一樣長的，所以不用管角度，隨便怎樣放，人孔蓋都能正好卡上……

把每天看到的景象和數學知識結合，我們就能從生活中發現數學的奧妙，也能讓數學知識落實在生活中。

（2）隨手算數學，日常生活就是最豐盛的數學題庫！

把自己學過的數學知識應用到生活中，並不需要刻意為之，只要我們多用心，就會發現生活中處處都有數學。例如我們可以用數學來算BMI值、自己運動時的心跳率，還有我們每天要消耗的卡路里數等等。

因此學好數學，不只能幫助我們掌握自己與家人的健康狀況、解決其他生活問題，也可以反過來，透過計算這些生活中的計算題，來提高我們的計算能力，實在是一舉兩得啊！

為什麼人孔蓋不是方的，而是圓的呢？

因為圓形的人孔蓋最方便，隨便哪個角度放下去都能卡好。

招式 4 賺錢不能嫌麻煩

帶上細心耐心,打倒運算複雜的「紙老虎」

零用錢談判 ▶ 媽媽我要加薪!

今天放學回家後,高斯必恭必敬地把一張紙呈到媽媽面前。媽媽仔細一看,只見紙上大大地寫著「零用錢調漲申請書」。

媽媽努力地忍笑問道:「高斯,你又來什麼亂提案了?」

高斯振振有詞地說:「媽媽,我不是亂提案,這次是認真的。最近物價上漲已經影響到我們小學生的生活了,你知道嗎?像是巷口的乾麵漲了5塊、最新出的漫畫書漲了10塊、我最喜歡的電動遊戲漲了200塊……」

「好啦、好啦。」媽媽趕緊打斷高斯,因為她太了解高斯了,知道如果不打斷他的話,他可以滔滔不絕地說上一天。

「媽媽,你忍心看著你唯一的兒子過著『飢寒交迫』的生活嗎?」高斯故意裝出一副可憐兮兮的樣子。

媽媽想了一會兒,對高斯說:「漲零用錢可以,但是你必須完成一件任務──幫媽媽算算最近賺了多少錢。算對了,我就幫你『加薪』。」

「沒問題,小菜一碟!」高斯爽快地答應了。

媽媽說:「聽好了,事情是這樣的,媽媽最近把家庭儲備金10000元拿去買基金,現在基金漲了,從以前的每股1塊錢漲到了每股1.15元,另外拋售基金的時候,申購要收1.5%的

手續費，而贖回時還要收 0.5% 的手續費……」

「天啊，這也太麻煩了！有減法、乘法、除法，還有小數點，這麼麻煩的題目誰做得出來，我不做了啦！」高斯都還沒等媽媽說完，就忍不住抱怨道。

聽了高斯的話，媽媽也板起臉來對高斯說：「沒有做就嫌麻煩，還敢跟我要獎勵？回去寫作業！」

媽媽的訓斥把高斯嚇了一跳，可是他也覺得很委屈啊。這麼難的算式，他肯定做不出來嘛！

 多多老師分析
運算複雜的題目，反而很簡單？

小朋友，你們知道為什麼高斯不止零用錢加薪談判失敗，還反過來被媽媽訓斥一番嗎？原因很簡單，高斯太不相信自己了，都還沒有動手算就嫌麻煩，媽媽當然會不高興。

雖然這題看似很難，但只要我們把算式列出來，一步一步認真計算，答案就呼之欲出了！

高斯之所以沒有做出來，並不是因為他不知道該怎麼解，而是對自己的計算能力沒有信心，看到小數、百分比就打退堂鼓，根本連試都沒試過，這樣高斯當然算不出答案嘍。

其實，數學計算並沒有你想像得那麼難。當你已經掌握了題目的精髓，那麼接著只要掌握正確的計算方法與步驟，在計算的時候要求自己細心，那麼不論多麼龐大的數字，不論要多少步驟，你都能算出正確答案。

Tip 精確計算的關鍵要訣

（1）發揮耐心，連小地方都不放過！

很多小朋友算術不好，不是因為不清楚解題方法，而是他們嫌麻煩，所以就被看起來很難的算式給唬住了。

雖然這些算式看起來很可怕，但其實都只是虛張聲勢的紙老虎。只要你不怕麻煩，一步一步認真計算，就會發現問題其實沒有你想像中可怕！

以下一些計算中常用到的運算法則，能幫你分解步驟：

◆ 如果有括弧，括弧裡的要先算；

◆ 算式記得先乘除，後加減；

◆ 以上兩點先算完後，把結果從左到右組合起來；

◆ 小數點要對齊，注意小數點前面和後面的位數。

多多老師相信，只要能夠發揮耐心與細心，那麼不論算式多麼複雜，都不會難倒你的。

（2）只差臨門一腳，再細心檢查一遍就好

如果你擔心自己的計算不準確，或是害怕自己會算錯，那麼算出結果後，再認真檢查一遍吧！

檢查可以幫我們找到計算過程中的小錯誤，而且我們在一次次的檢查中，也能培養出細心謹慎的好習慣，讓自己的計算一次比一次更精確與完備。

那麼你知道嗎？檢查的步驟也是非常講究的。多多老師認為檢查並不是盲目地把題目再算一遍，而是有條不紊，輕重

有別地檢查，就像前面〈第四章‧勁敵3〉所提到的重點。

快速檢查的重點：

❶再次**審題**，確認自己對題意的理解是否正確。

❷檢查**計算過程**，尤其是小數點、百分位、單位換算等容易出錯的地方，要特別留心。

❸把計算結果帶入算式**驗算**，如果算式不成立，那就要快速把過程中的錯誤揪出來，重新算答案。

成為超級比價王

花錢也要懂省錢，比價精算不吃虧

校慶晚會▶ 歡樂三人組外出採買

為了籌備校慶晚會，高斯、李小白和英格力三個人受到全班同學委託，帶著班費要買30顆彩燈、50顆氣球。

沿著大街逛了一陣子後，高斯停在一家商店的門口，對李小白和英格力說：「我們就在這家店買吧，這家的東西看起來物美價廉。一顆氣球只要2塊錢，一顆彩燈則是4塊。」

高斯話音剛落，李小白卻指著第二家商店，提出了反對意見：「不行，這家商店有優惠活動，一顆氣球和一顆彩燈都是3塊，如果兩者同時買，只要5塊錢，我覺得這裡更划算。」

「哪有啊？一顆氣球竟然要3塊，比第一家貴多了！還是在第一家買比較划算。」高斯振振有詞地反駁道。

「哼！一個數學常考不及格的人，當然算不出在哪裡買比較划算。如果都聽你的，那麼大家的班費只會白白浪費掉。」李小白也激動地說。

英格力怕他們倆會愈吵愈兇，於是出來打圓場，說：「你們在這裡吵有什麼用？不如我們真的拿出筆來算一算，看看哪家比較便宜吧！」

沒想到平時只對美食有興趣的英格力，再次在關鍵時刻突破盲點。李小白和高斯都同意英格力的方法，賭氣似地從鉛筆盒翻出筆，開始在計算紙上演算。

兩人很快就算完了，高斯一看到答案，頓時呆住。而李小白則看著高斯，得意洋洋地說：「你看，我沒說錯吧。在第二家商店是不是更划算？」

 多多老師分析
還有更划算的買法嗎？

　　到底是在第一家商店買比較省錢，還是在第二家商店買更划算呢？要解決這個問題其實非常容易，我們只需要根據兩家商店的價格，列出兩個算式就可以了。就像這樣：

> ❶ 全在第一家商店買的價格：$50 \times 2 + 30 \times 4 = 220$（元）
>
> ❷ 全在第二家商店買的價格：$30 \times 5 + (50 - 30) \times 3$
> $= 210$（元）

　　這麼一比較，明顯能看出在第二家商店買比較划算，所以這次是李小白獲勝。

　　但是聰明的小朋友，你能想出比李小白更省錢的買法嗎？如果同時跟這兩家商店購買，是否可以省下更多班費呢？現在就動筆算算看吧！

Tip▶ 超省買法的實戰要點

（1）快速比價，貨比三家不吃虧

　　在日常生活中，身為小學生的我們也經常有機會替爸媽跑

生活應用篇

招式 **5**

成為超級比價王

腿，擔任家中採買的重責大任。那麼你是隨便走進一家商店就衝動購物呢？還是會多跑幾家商店比價看看？

精明的小朋友當然會選擇後者了，因為貨比三家不但能讓你買到品質最好的物品，還能幫你省不少錢呢！

（2）確認實際價格，別被假促銷的標示騙了！

在逛賣場時，我們會發現很多商品雖然貼著「打折」的貼紙，但實際上並不優惠。有時我們要客觀地比較所有品牌的價格，真正動筆算一算，才能確認到底是不是優惠，以及優惠了多少。

如果我們不親自算一下，很容易就會被這些虛假的促銷資訊誤導。所以在生活中可千萬不要偷懶，用自己學過的數學知識計算商品價格，我們就能區分出「真優惠」跟「假優惠」了！

超省買法的
實戰要點

◎快速比價，貨比三家不吃虧
◎確認實際價格，別被假促銷
　的標示騙了！

前進奧數篇

挑戰數學奧林匹克的攻頂策略

Q版漫畫學妙招
征服奧數題的 2 個祕技

活用公式解奧數

任何奧數題目都有一套解題邏輯，不管解法如何翻轉，公式和原理永遠都不會變。所以要先理解公式，再活用它。

用1口平底鍋煎餅，每次同時能放2個餅，如果煎1個餅需要2分鐘（假定正反兩面各需要1分鐘），請問煎1993個餅至少需要幾分鐘？

1993？這數字好大呀！

看到這麼大的數字，我就沒信心做下去了。

其實有個祕訣，可以先把大數字換成小數字！

用「化大為小類推法」找規律

做奧數題時常會用到「化大為小類推法」，讓我們把大數字巧妙轉化成小數字，方便解題者先從簡單的情況找出題目的規律，之後按照規律就可以找到最佳方案喔！

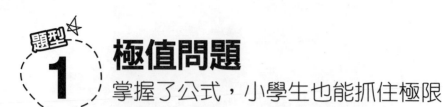

題型 1 極值問題
掌握了公式，小學生也能抓住極限

媽媽的生意難題 ▶ **高斯找出完美訂價**

有一天晚上，好不容易寫完作業的高斯坐在沙發上，正津津有味地看著電視節目，而高斯的媽媽拿著帳單和計算機坐在旁邊，正聚精會神地算著什麼。

媽媽一邊刷刷地翻著帳單，一邊把計算機按得吱吱響，看來是遇到難題了。看到媽媽臉色鐵青的樣子，高斯也擔心了起來，開口問說：「媽媽，你是不是遇到什麼麻煩了？你跟我說，我也來幫忙。」

「你要幫忙？可是你還是個小孩子，能幫我什麼忙？」媽媽頭也不抬地說。

「我不是小孩子了，我現在是小學生，說不定我學到的知識正好可以幫你呢！」高斯鍥而不捨地說。

「好吧，媽媽最近生意上有個問題：商店裡新進了一批貨，進價是一件90元，如果按一件100元出售的話，每件能賺10元，但只能賣出500件。媽媽想漲價，但是根據以往的銷售經驗，這種商品的售價只要每漲1元，總銷售量就會少10件。所以媽媽想知道，該怎麼訂價，才能賺最多？」

「媽媽你問對人了！這問題太輕鬆了，我做奧數題的時候也遇過這類問題。只要給我五分鐘，就能告訴你答案。」高斯自信地拍著胸脯說。

高斯果然在五分鐘內就算出了答案，告訴媽媽應該把價錢訂為120元。為了讓媽媽明白為什麼這麼訂價，高斯還列出了算式，認真分析自己的解題過程。媽媽看了高斯的推算過程，都不禁讚嘆連連，對他豎起了大拇指。

多多老師分析
如何用極值定律求出最大利潤？

你知道高斯是用什麼方法推算出最大利潤的訂價嗎？其實高斯的方法並不難，他是用我們小學生學過的內容，來解決這道難題的。

看到這邊你可能還一頭霧水，但沒問題，看看多多老師的分析，你就明白啦！首先，在解決這道問題之前，我們一定要對極值定律有所了解，它說：

若 M 個自然數的總和，是一個固定不變的常數時，則當這 M 個數相等或者最接近時，它們相乘的積會最大。

舉例來說，在所有和為8的兩個自然數中，4乘4的積最大，是16。還不清楚的話，你也可以試算一下。

前進
奧數篇
題型
1
極值問題

> **以「兩數加總為8」的「極值定律」示範舉例**
> $8 = 1 + 7 = 2 + 6 = 3 + 5 = 4 + 4$（共有這4種組合），
> 其中，$1 \times 7 = 7$，$2 \times 6 = 12$，$3 \times 5 = 15$，$4 \times 4 = 16$。
> 在所有乘積中，4乘4的積為16，數字是其中最大的。

知道這個定律後，我們再來看高斯媽媽提出的問題：

商店裡新進了一批貨，進價是一件90元，如果按一件100元出售的話，每件能賺10元，但只能賣出500件。現在想要漲價，但是根據以往的銷售經驗，這種商品的售價只要每漲1元，總銷售量就會少10件。所以該怎麼訂價，才能賺最多？

我們要根據題目的要求，找出合適的訂價，使得最後的利潤最大。那麼根據前面提到的極值定律，我們需要找到兩個自然數，使它們的和是一個常數。

◆作法：

❶釐清題目中的數據，與條件變動關係

　　根據題目所述，我們可以得到**這批貨物的總量**。

◆題目中提到：每件商品是 100 元，能賣出 500件。

◆同時又提到：每漲 1 塊錢，總銷售量就減少10 件。

　　換句話說，在訂價為100元的時候，實際上是比進價多了100 － 90 = 10（元），那麼總銷量就會減少10×10 = 100（件）。這100件商品就是沒有賣出的商品。

◆又已知，當訂價為每件 100 元時，最多只能賣出 500 件。

　　那麼，**全部商品的總量**應該是賣出的500件，加上沒賣出的100件，一共是500 ＋ 100 = 600（件）。

所以我們可以得知，媽媽總共進了600個商品。

❷找出目標，準確設立變數

既然題目要求得到**整體的最大利潤**，那麼我們可以**設定每件商品的利潤為X**，也就是每件商品高出進價X元，那麼**最後的銷量就是600 − 10X**，而**總利潤就是X（600 − 10X）**。

那麼現在，我們把所有的相關數值列出來：

◆每件商品的利潤：X。

◆商品總進貨量（最多可賣數量）：600件。

◆最後銷量：600 − 10X ＝ 10（60 − X）。

同時，因為題目提到「每調漲一元，總銷售量就少10件」，所以把「每10件銷量」視為「售價調整1元的單位」，因此計算時可以將銷量化約為：60 − X（份），共計10份。

當漲價後每份商品獲得的利潤達到最大，那麼這10份加起來，整體商品的利潤就會最大。

每份商品獲得的利潤是：X（60 − X），而我們要求的，就是**利用「極值定理」，求出在何種情況下，X（60 − X）能達到最大值。**

❸套用極值定理求解

我們可以看出，X和（60 − X）的和是X ＋（60 − X）＝60，是一個常數。

根據前面解釋過的：當兩數相加之和是一個常數，則當它們相等或者最接近時，這時兩數相乘的積

會最大。

也就是說，當X＝60－X時，X（60－X）的值最大。

那麼當X＝30時，利潤最大。

所以訂價應為90＋30＝120（元），才能獲得最大利潤。

高斯就是根據極值定律，推算出上面的過程，才能幫媽媽解決難題。哇！從課本上學到的知識，居然可以這樣用在生活中，你是不是也覺得很神奇呢？

其實詢問「最大值、最小值」的極值問題，在生活中隨處可見。因此遇到這類的奧數題，我們根本不需要感到害怕，只要掌握了解題邏輯，這些問題就能迎刃而解了。

Tip▶ 破解極值問題的３把鑰匙

（1）公式法：掌握典型極值定律，從常數推出極限值

奧數題雖然看起來很難，但是有些題目可以直接套用公式，極值問題就是這一類的典型代表。

所以解決極值問題最容易的訣竅之一，就是牢記公式。只要在解題時判斷出極值問題的類型，就能直接套用公式。

那麼哪些極值公式是奧數中的「常客」呢？來，多多老師一起整理給你。

極值常用公式：

◆ **求最大值**：當m個自然數相加之「和」是一個常數，則當這m個加數相等或者最接近時，它們相乘的**「積」會最大**。

◆ **求最小值**：當m個自然數相乘之「積」是一個常數，則當這m個乘數相等或者最接近時，它們相加的**「和」會最小**。

前面分析已說過「求最大值」的例子，那麼多多老師再來補充「求最小值」的說明。舉例來說：乘積為36的兩個自然數，當它們都是6時，它們的和是12，比其他組合相加的和都還要小。

此外，「求最大值」的公式，也可以用來說明圖形的幾何原理，例如：在周長相等的各種矩形中，當長和寬相等的時候，矩形的面積會最大。

解決極值問題時，公式能幫上大忙，所以遇到這類問題時，千萬不要一頭埋進題目中，而是要先回想一下有哪些公式，適合套用在這個題目上。

（2）列舉法：適用跳脫公式，但是數字小的題目

什麼是列舉法呢？列舉法就是將所有可能性都一一陳列舉例的意思。

有些問題雖然也是在問「最大最小值」，但題目中的變數，若不存在相加或相乘為固定常數的關係，就不適合套用公式。

如果你找不到題目中的常數關係，而且題目數字不大時，這時候就可以使用「列舉法」。當你把所有情況都列出來之後，不就可以一眼看出來最大值和最小值各是多少了嗎？

例如下面這題：

> 一把鑰匙只能開一把鎖，現在有 4 把鑰匙跟 4 把鎖，但不知彼此間的配對。請問最多只要試幾次，就能完成全部鑰匙和鎖的配對？

這題沒有公式可以套用，但幸好數字不大，我們只要把可能發生的情況都列舉出來，就能算出答案了。

因此我們可以這樣分析：題目問的是「最多要試多少次」，也就是說，在嘗試的過程中，每輪都是在其他鑰匙皆已確認錯誤後，自動篩選出正確鑰匙。因此我們可以列出以下情況：

列舉每輪鑰匙的測試情況：

❶ **第一輪**：開第一把鎖時，最壞的情況是前 3 支鑰匙都不成功，那麼第四把鑰匙連試都不用試，就確定一定能開。所以第一輪試了 3 次。

❷ **第二輪**：開第二把鎖時，還剩 3 支鑰匙，最壞的情況是前 2 把都不對，那麼第三把鑰匙一定適合，因此只要試 2 次。

❸ **第三輪**：開第三把鎖時，只剩 2 把鑰匙，第一次不對，第二次不用試肯定對，只需要試 1 次。

❹第四輪：第四把鎖只剩1把鑰匙，連試都不用試。

因此加總每輪的最壞結果，結論就是：3＋2＋1＋0
＝6（次）。

有些極值問題和這道鑰匙題類似，要考驗我們分析各種情況的能力，所以在做這類題型的時候，把可能發生的情況按照題目要求來列舉，答案就會浮現出來了。

（3）推理法：透過限縮條件，逐步分析數字極限

想要征服極值問題，推理分析的能力是必不可少的。根據多多老師鑽研奧數的多年成果，發現有些極值問題的奧數題，重點就是在測試我們的分析能力，因此根據題目條件進行推理分析，不僅能幫助我們開發鍛鍊大腦，更是一種厲害的解題方法呢！

那麼遇到極值問題時，具體來說應該怎麼分析呢？

別著急，看完下面這個例子，你就知道該怎麼做了。

◆**題目**：一個三位數除以43，商是a，餘數是b，且a、b均為自然數。請問a＋b的最大值是多少？

◆**分析**：若要求a＋b的最大值，我們要保證在符合題意的限制下，使得a、b的值盡可能地大。

❶首先，根據題目條件可以得出：這個三位數是：43a＋b。

❷b的範圍限制：因為b是餘數，它必須比除數小，即是：b＜43。而滿足條件的整數最大是42，所以b≦42。

❸a的範圍限制：因為這個被除數是三位數，當我們直接用上限999來計算，999÷43＝23……10。所以a≦23。

❹搭配列舉法來推理組合：

◆當a＝23時，43×23＋11＝1000，43×23＋10＝999，此時b的最大值是10；

◆當a＝22時，43×22＋42＝988，此時b最大值是42。

❺結論：顯然當「a＝22，b＝42」時，a＋b的值最大，因此最大值為22＋42＝64。

透過邏輯推理，按照題目要求，一步一步找出符合題目條件的數值，這就是推理法。因此在解答這類極值問題的時候，盡情發揮你偵探般的推理能力吧！

破解極值問題的
3把鑰匙

◎公式法：一定要把極值定律記熟。
◎列舉法：當題目中的數字不大時，用假設列舉也是一種好方法。
◎推理法：根據題目的限縮條件，一步步成功推理。

工程問題
以分數精算效率，展開巧妙布局與分工

李叔叔的戰帖 高斯當起土木工程師

　　高斯剛推開家門，就聽到客廳裡傳來說笑聲，走進客廳一看，原來是爸爸的好友李叔叔來了。

　　高斯有禮貌地跟大家打過招呼後，正準備回自己房間寫作業時，卻被李叔叔給喊住了。

　　「高斯啊，我聽你爸爸說，你的數學挺好的。最近叔叔遇到了一點難題，能不能請你幫我一個忙？」李叔叔和藹地說。

　　「沒問題，叔叔你儘管說吧！」高斯拍著胸脯豪爽地說。

　　「是這樣的，叔叔的公司最近要修一條地下水管，因此請了兩個施工隊……」李叔叔開始說起他的問題：

> 如果把修水管的工作託付給這兩個施工隊，第一個施工隊單獨修要 20 天，第二個施工隊單獨修要 30 天。如果兩個施工隊一起工作的話，會影響彼此工作，兩者的施工效率都會降低，讓第一個施工隊的效率降為原來的 $\frac{4}{5}$，第二個施工隊的效率降為原來的 $\frac{9}{10}$。若計畫在 16 天內修完這條水管，該如何安排兩個施工隊的進度呢？

「這聽起來很簡單啊？叔叔你直接請兩個施工隊一起工作，不就可以了嗎？」高斯毫不遲疑地說。

「但是請兩個施工隊同時工作會超出我的預算，所以我想知道應該怎麼安排，才能盡可能壓低兩隊共同合作的天數呢？」李叔叔說完，就用殷切的眼神看著高斯。

「原來是這樣啊。那我幫你制定最佳方案吧。」高斯表面上若無其事，但其實他對這題也沒有百分百的把握，心裡好緊張。

高斯拿筆寫著寫著，額頭上都冒出了一層薄汗。但才沒過多久，高斯就大聲地宣布：「兩個隊至少要一起合作10天」。

接著高斯為李叔叔解說了一番，讓李叔叔連聲誇他聰明。看到高斯這麼厲害，爸爸媽媽在旁邊也笑得好開心。

高斯答出來後也鬆了口氣，想著：「真是虛驚一場啊，幸好我的奧數學得不錯。」

 多多老師分析

如何用分數分析效率？

其實李叔叔的問題沒有你想像得那麼難，因為它和奧數中的工程問題是一類的，只要找到合適的方法，就能輕輕鬆鬆想出辦法。

那麼高斯是怎麼算的呢？其實高斯採用的方法就是**先分析，再列式**。讓我們看看高斯的計算過程：

◆ 分析問題：

首先，把整個工程量看做單位1。因為甲需要20天完成，所以甲的工作效率為$\frac{1}{20}$，而乙的工作時間是30天，因此乙的工作效率是$\frac{1}{30}$。那麼甲乙兩隊合作一天的效率是：$\frac{1}{20} \times \frac{4}{5} + \frac{1}{30} \times \frac{9}{10} = \frac{7}{100}$，可知「甲乙合作的效率＞甲的效率＞乙的效率」。

然後根據「兩隊合作天數盡量減少」的條件，所以應該讓做得快的甲盡量多做，16天內實在來不及的部分，才讓甲乙合作完成，才能盡量壓低合作天數、又在期限內完工。

◆ 列出算式求解：

設合作時間為X天，則甲獨做時間為（16 － x）天。

因此可以列式為：$\frac{1}{20}（16 － X）\frac{7}{100} ＋ X ＝ 1$

最後算出X＝10，因此甲乙兩隊最短合作10天。

只要把工作總量視為「1」，然後用分數表示出各個工程隊的工作效率，再根據題目提供的條件分析問題與列式，就不難解出答案。

前進
奧數篇

題型
2

工
程
問
題

（1）比例法：巧用對應關係，換算時間與效率

有些工程題的出題模式是：告訴你兩人或是兩隊分別完成一項工程需要多少時間、合作完工需要多少時間，然後根據這些條件提出問題。

要解決這類問題，首先要考慮的就是**工作效率**。因此根據題目中的條件，用比例法來表示不同的工作效率，是一種非常有效的解題方法喔！

例如下面這題：

> 有一項工作，甲要獨自花9天完成，而乙要獨自花6天完成。現在甲先做了3天，剩下的工作全由乙繼續完成，請問乙還需要幾天就可以完成全部工作？

這道問題就可以使用比例法解決：

> **根據題目條件：**一項工作，甲9天可以完成，乙6天可以完成。
> 所以甲乙花費的時間比例就是：「甲：乙＝9：6＝3：2」。
> 也就是說甲做了3天，相當於乙做了2天，那麼乙完成剩下的工作所需的時間是6－2＝4（天）。

比例法需要運用邏輯思維。但是只要我們把比例關係弄清

楚，就可以帶入比例，省略某些計算步驟來簡化過程。所以在解決工程問題的時候，不妨使用簡潔靈巧的比例法來漂亮解題，就可以讓同學們對你刮目相看喔！

（2）拆分條件法：同時開工太複雜，先拆算各自成效

你有遇過這類工程題嗎？當題目中所有人同時在做工，無法立刻算出各自的工作效率該怎麼辦？

這時「拆分條件法」就派上用場了！讓多多老師示範一次，教你怎麼把複雜的題意變簡單：

> 夏天到了，學校的游泳池也重新開放了！為了灌滿整個泳池，若同時打開甲、乙兩條水管，5個小時就可以灌滿；若同時打開乙、丙兩條水管，4個小時就可以灌滿；如果改成先開乙管6個小時再關掉，那還需甲、丙管同時開2個小時才能灌滿。請問乙管單獨開幾個小時，才可以把水池灌滿呢？

要解開這道題目，我們一樣先把整個水池全滿的水量設為單位「1」，之後再分析條件、展開計算。

◆ **分析條件：**

❶ 同時打開甲、乙兩條水管，5個小時就可以灌滿
→甲乙兩人的工作效率之和是 $\frac{1}{5}$

❷ 同時打開乙、丙兩條水管，4個小時就可以灌滿
→乙丙兩人的工作效率之和是 $\frac{1}{4}$

然後我們可以把第三個條件進行一下轉化：

❸ 先開乙管 6 個小時再關掉，那還需甲、丙管同
時開 2 個小時才能灌滿。

→換句話說，就是「乙開6小時，甲開2小時，丙開2
小時」

→效率等同於：「甲乙同時開了2個小時，乙丙同時
開了2個小時，而乙再單獨開了2個小時。」
到這一步，整道題目的分析到此結束。

◆ **列出算式求解：**

根據剛才的轉換條件，現在我們來設列出方程式求解。

假設乙的工作效率是 x，那麼列算式如下：

$$\frac{1}{5} \times 2 + \frac{1}{4} \times 2 + 2x = 1，得 x = \frac{1}{20}。$$

如此一來，就算出乙的工作效率是 $\frac{1}{20}$，那麼乙單獨完

成整項工作所需的時間就是 $1 \div \frac{1}{20} = 20$（小時）。

　　根據題目分析條件，再適當地把條件給轉化，然後列出合
理的算式，這些就是拆分條件法的小竅門。小朋友，你掌握住
了嗎？

破解工程問題的
2個絕招

◎比例法：題目乍看下的已知條件
很少時，用比例放大縮小對應關
係，也能算出答案。
◎拆分條件法：當題目有一堆複雜
的條件時，可以先拆分轉化成多
個簡單的條件。

多多老師考考你

師徒兩人接到一件加工零件的任務，先由師傅單
獨做 6 個小時，剩下的工作徒弟花 4 小時就可以
做完。第二天他們又接到同樣的任務，但工作量
是第一天的 2 倍，這次先由師徒兩人合作 10 個小
時，剩下的由徒弟單獨做完。已知徒弟的工作效
率是師傅的 $\frac{4}{5}$，而且師傅第二天比徒弟多做 32 個
零件，請問：第二天徒弟做了幾個小時？師徒兩
人兩天共加工多少零件？

**解答請參見 p.262

前進
奧數篇

題型
2

工
程
問
題

不用數字的邏輯問題

擺脫算式，用表格就能單挑問題

混亂的情報 新老師，你到底是誰？

「號外！號外！重大消息！我剛剛聽說，我們班新來一位國語老師，這位中年女老師姓王。」素有班上「小喇叭」之稱的李悅同學，興奮地向大家宣布這則消息。

「什麼？這是真的嗎？」班裡馬上鼓譟了起來，大家開始熱烈地討論著。

這時，班上的「小旋風」小林同學也跑進教室喊道：「大消息！我們班要有一位新老師了！他姓丁，是一個中年男老師，要教我們數學。」

「咦？怎麼跟小喇叭說得不一樣？」大家同學心中都升起了疑問，交談聲此起彼落。正當大家疑惑不解的時候，高斯走進教室，一臉神祕地說：「我們班的英文老師要換了，是一位姓劉的年輕老師，而且是一位男老師。」

高斯的話音剛落，英格力就接著大聲嚷嚷道：「高斯你說錯了！我們班確實要換一個新老師，但是不是教英文，是教數學的。而且這位男老師姓李。不過有一點你說對了，他確實是個年輕老師。」

「我才沒有說錯呢！英格力你聽誰胡說的？明明新來的就是一個姓劉的英文老師。」高斯不服氣地爭辯道。

「你們都說錯了，我『小旋風』的消息才可靠。」這個時

候小林當然不會退讓。

「給我等等。要說消息準確，誰能比得上我『小喇叭』？所以你們三個的消息都錯了，不要再誤導大家了！」小喇叭哪裡肯示弱，她流露出一股不容質疑的自信，胸有成竹地說。

就在大家吵鬧不休的時候，李小白走進了教室。

全班同學紛紛把視線放在李小白身上，聰明的李小白馬上就明白了大家的意思，於是她冷靜從容地揮揮手說：「我們的英文老師要換了，是一位姓王的老年男老師。等等上課的時候，老師就會宣布這個消息。」

李小白的話音才剛停，立即遭到了「小喇叭」、「小旋風」、高斯和英格力的群起圍攻，每個人都說自己講的才正確。

當這五人各執一詞的時候，老師走進了教室，其他人紛紛追問老師，新來的教師到底是「何方神聖」。

老師聽完大家的問題，神祕地對大家說：「其實他們每個人說的4個訊息中，都只有1個是對的。只要大家把他們五人各自說對的訊息找出來，就能知道新老師是何方神聖了。」

老師的話讓所有同學陷入了沉思中，讓大家都絞盡腦汁。才過沒多久，有的人臉上露出喜悅的笑容，原來他們已經摸清新老師的底細了。

多多老師分析

到底誰說對什麼？

關於新來的老師，五個人有五種說法，到底哪種說法才是

正確的呢？

　　其實這個問題和奧數中的邏輯問題是同一類的。這類問題常常要求我們透過分析和推理，而不是靠計算得出正確的結論。因此這類邏輯推理題中，往往沒有數字和圖形，也不需要使用任何算式。

　　那麼該怎麼解決這類問題呢？答案就是靠大家靈活的大腦和高超的邏輯思維能力了！

　　不過在很多時候，出眾的邏輯是需要表格與圖像輔助的，因此在做邏輯性較強的奧數題時，我們可以先列個表格，把所有資訊整合後填在表格裡，這樣分析起來就方便多了！例如要解開新老師的身世之謎時，我們可以列出這樣的表格：

	姓氏	年齡	性別	學科
說法1	王	中年	女	國語
說法2	丁	中年	男	數學
說法3	劉	青年	男	英文
說法4	李	青年	男	數學
說法5	王	老年	男	英文

　　按照老師的提示，每種說法裡只有一個資訊是對的，那我們應該從哪個資訊入手呢？**答案就是從最簡單、分歧最少的資訊開始分析。**

　　以這題的情況來說，從「性別」入手是最簡單的方法。因為普遍來說性別只有兩種分法，而且除了說法1是女性，其他的都是男性，所以判斷起來是非常容易的。

因此，首先我們可以假設，說法1的性別資訊是對的，那麼總體情況就會變這樣：

說法1	王	×	中年	×	女	✓	國語	×
說法2	丁		中年	×	男	×	數學	
說法3	劉		青年		男	×	英文	
說法4	李		青年		男	×	數學	
說法5	王	×	老年		男	×	英文	

接著，在第一個假設基礎上，我們再假設這個老師是青年，那麼根據每一種說法中只能有一個對號「v」，這個表格就會變這樣：

說法1	王	×	中年	×	女	✓	國語	×
說法2	丁	✓	中年	×	男	×	數學	×
說法3	劉	×	青年	✓	男	×	英文	×
說法4	李	×	青年	✓	男	×	數學	×
說法5	王	×	老年	×	男	×	英文	×

從上面這個表格中我們可以看出，這個老師既不是國語老師，也不是數學老師，更不是英文老師，而且說法5沒有一項資訊是正確的。很顯然，「青年老師」這個假設是不成立的。

那又回到第一個假設的基礎上，假設這是一位老年老師。

那麼表格可以變換為：

說法1	王	×	中年	×	女	✓	國語	×
說法2	丁	×	中年	×	男	×	數學	✓
說法3	劉	✓	青年	×	男	×	英文	×
說法4	李	×	青年	×	男	×	數學	✓
說法5	王	×	老年	✓	男	×	英文	×

　　根據上面這個表格，可以看出每種說法都有一個正確項，而且不互相矛盾，那麼這個假設就是成立的。因此我們可以推論，真老師的真面目就是「姓劉的老年女數學老師」。

　　先分析題目特點和要求，然後根據題目的具體情況進行假設，最後根據假設把各種情況一一列舉出來，把發生誤差的地方排除，最後整理出符合題目要求的情況，這就是其中一種處理邏輯問題的重要方法。

　　所以我們在處理其他邏輯問題的時候，不妨也運用同樣的方法，整理已知條件進行分析推理，來獲取答案。

Tip▶ 解決邏輯推理題的組合技能

（1）圖表分析法：圖像化具體整理各種說法與情況

　　對於一些相對簡單的邏輯推理題，列表法是最簡單也是最常用的方法。表格可以幫我們把各種情況一一展示出來，協助我們建立一個清晰的分析過程，避免前後矛盾，或者遺漏某個重要資訊。

　　例如下面這題：

小王、小張和小李三人的職業分別是工人、農民和教師。我們知道，小李的年齡比教師的年齡大，而且小王與農民不同歲，但是農民的年齡比小張還小。請問三人之中，誰是工人，誰是農民，誰是教師？

由題目條件可知，小李不是教師，小王不是農民，小張也不是農民。因此我們可以畫出下面的圖表，在表格中打「v」表示條件吻合，打「×」表示條件衝突。

	工人	農民	教師
小王		×	
小張		×	
小李			×

在這個表格裡，我們首先要知道總共只有「三種身分、三個人」，每一個人都對應一個身分，那麼這個表格裡就不能有空格，而且每一行每一列只能有一個「v」。

所以根據這一要求，這個表格可以轉化為：

	工人	農民	教師
小王		×	
小張		×	
小李	×	✓	×

根據表格，我們馬上能推理出小李是農民。

然後再看題目中的條件：農民比小張年齡小，小李比教師年齡大，而小李就是農民，因此小張不是教師，那麼只剩下小王一定是教師，而小張就是工人。

利用列表法能使各種關係更明確，減少了分析過程中，因為邏輯混亂而產生的失誤、重合等現象，能大大地幫助我們梳理思路，然後正確地思考與解答。

當然嘍，列表法也有幾個注意事項，最重要的一點就是一定要先梳理好題目中的條件，確立正確的關係，再按照順序填在表格裡。否則一步錯，後面的每一步都會跟著錯，那就大事不妙了！

（2）假設法：反覆假設與推翻，檢測彼此的矛盾

用假設法解決邏輯問題，就是根據題目的條件進行假設，列出幾個可能存在的情況，再逐一分析。如果出現矛盾，那麼假設就被推翻，要重新設一個；如果沒有矛盾，而且符合題意，那麼假設就成立了。

例如這題：

小明，小青，小剛，小紅四個人在院子裡踢足球。正在房間裡看書的劉叔叔聽到玻璃破碎的聲音，趕緊跑出房間查看，發現原來是自己家的一塊窗戶玻璃被打碎了。

劉叔叔問四個孩子：「是誰打碎了玻璃？」

小明說：「是小青不小心打碎的。」
小青說：「是小剛打碎的。」
小剛說：「小青你說謊。」
小紅說：「我保證不是我打碎的。」
如果這裡面只有一個孩子說了實話，那麼是誰說
實話？而又是誰打碎了玻璃呢？

這種情況下該怎麼判斷呢？用假設法就能一切明瞭了。

但在使用假設法時，要注意一點，那就是：**怎樣的假設最單純，就先這樣假設。**

例如這題的情況，小青和小剛說的正好相反，所以肯定是一對一錯，那麼我們只要假設其中一方是對的，那麼另一方必然是錯的。

若是我們先假設小青是誠實的，那麼小剛就一定有說謊。也就是說，小剛打碎了玻璃。但是在這種假設下，小明的說法就會變成錯的，而小紅的說法是正確的，那就不符合題目中「只有一個孩子說了實話」的條件，因此這個假設不成立。

那麼我們再假設小剛說了實話，而其他三個人都撒謊，來驗證這個情況是否沒有矛盾，得出：

◆ 小明說：「是小青不小心打碎的。」→不是小青打碎的

◆ 小青說：「是小剛打碎的。」→不是小剛打碎的

◆ 小剛說：「小青你說謊。」→小青說謊

◆ 小紅說：「我保證不是我打碎的。」→小紅打碎了玻璃

以上幾種說法都沒有矛盾，所以假設成立：小剛說了實話，而小紅打碎了玻璃。

如果你也遇到讓你頭疼的邏輯推理題，那麼不妨使用假設法，從**範圍最小**或者**正好相反的條件**進行初步假設，根據假設的情況逐一分析，最終找出符合題意的一種情況，這樣一來，任何邏輯題都會迎刃而解了。

多多老師考考你

數學小老師把 5 本作業本發給甲乙丙丁戊 5 個同學，結果不小心全發錯了，現在已知：
甲拿的不是乙的，也不是丁的；
乙拿的不是丙的，也不是丁的；
丙拿的不是乙的，也不是戊的；
丁拿的不是丙的，也不是戊的；
戊拿的不是丁的，也不是甲的。
另外，沒有人互相拿錯，例如甲拿乙的，乙拿甲的。
請問：丙拿的是誰的作業本？而丙的作業本又被誰拿走了？

** 解答請參見 p.262

有客人來啦 「飛毛手」高斯神速泡茶

　　某個週末下午，高斯正舒服地躺在沙發上看電視，門鈴卻突然響起。高斯打開門一看，原來是媽媽的同事李阿姨來了。

　　媽媽來到客廳，熱情地招呼李阿姨坐下，然後叮囑高斯說：「快去燒開水，給李阿姨泡杯茶。」

　　「好的，沒問題。」高斯一口答應，正準備往廚房走去。

　　「不用麻煩啦！我坐個15分鐘就走。」李阿姨推辭道。

　　「沒關係，高斯燒水很快的。你就坐吧。」媽媽又把李阿姨給拉回來，並拿出點心招待。

　　不過高斯媽媽雖然表面上很有自信，但心裡對高斯還是有些不放心。於是她悄悄地把高斯拉到一旁，低聲問：「你確定能在10分鐘內燒好水，泡好茶嗎？」

　　「放心吧，媽媽。我之前算奧數的時候，有學過統籌規畫問題，這點小事難不倒我的。」高斯拍著胸脯對媽媽說。

　　高斯轉身進廚房開始準備，果然不負期望，大概才7、8分鐘就端著兩杯熱騰騰的茶走進客廳。李阿姨喝著茶，忍不住連聲稱讚高斯說：「高斯的動作真夠靈活的，居然在這麼短的時間內就燒好水，還泡好茶，真是不簡單啊！」

　　高斯不好意思地搔搔頭髮笑了，心想：「想要在幾分鐘內燒好水、泡好茶，光是手腳靈活可是不夠的，還得先動動腦

筋。幸好我有學過統籌規畫問題。」

等李阿姨走後，高斯媽媽把兒子拉到身邊，說：「沒想到我們家斯斯深藏不露啊，你什麼時候變得這麼聰明了？」

「嘿嘿，媽媽，其實我做過這類的奧數題，知道怎麼安排時間，所以這點小事難不倒我的。」接著，高斯就向媽媽講解了自己是如何安排燒水、泡茶的順序。媽媽聽了高斯的講述，充滿欣慰地給他比了一個大大的讚。

多多老師分析
如何善用等待時間，提升效率？

高斯在短短幾分鐘內就能燒好水、泡好茶了，小朋友，你知道高斯是怎樣做到的嗎？

其實，高斯的做法並不複雜，就和統籌規畫問題一樣，只要根據各個條件，合理安排時間，就能想出最佳方案了。如果你聽了還不是很了解，那我們就先來看看高斯是怎麼做的吧！

首先，高斯先在心中列出了一切待辦的準備工作，然後根據實際情況作出以下三種安排：

方案❶：先做好一切準備工作，按順序先洗水壺、洗茶杯、拿茶葉、裝水燒水，等水開了再來泡茶。

方案❷：先洗水壺，裝入涼水，放在火上等水燒開。水燒開後，再來找茶葉、洗茶杯、泡茶。

方案❸：洗好水壺，裝入涼水，燒水，然後在**等待水燒開**

的過程中，**同時洗茶杯、拿茶葉**，接著等水燒開後就泡茶。

先列出幾種方案後，再來比較這三種方法，到底哪種比較省時間。計算結果如下：

方案❶所需時間：洗開水壺的時間＋洗茶杯的時間＋拿茶葉的時間＋燒開水的時間＋沏茶的時間；

方案❷所需時間：和方案1需要的時間一樣，只是順序不同。

方案❸所需時間：因為趁著燒水的等待時間，同時做了洗茶杯拿茶葉，因此總共花費的時間只有「洗水壺的時間＋燒開水的時間＋泡茶的時間」。

結論：因此可以比較出來，方案3最省時。

所以高斯就按照方案3，先用了1分鐘洗水壺，然後用了5分鐘燒開水，而在燒水的這5分鐘內，高斯同時把茶杯洗好、把茶葉準備好，等水燒開後，再花1分鐘泡茶，所以總共只用了7分鐘。這樣一來，就能及時為李阿姨端上熱呼呼的茶了。

這種「透過分析對比，找出最佳方案」的方法，就是解決統籌規畫問題的關鍵。掌握了這些關鍵，無論是對於現實生活，還是做相關的奧數題，都能有很大的幫助。

Tip ▶ 將複雜規畫變簡單的絕妙輔助法

（1）化大為小類推法：大數化小，再找規律

分析題目中的條件，然後一一列舉可能存在的方案，是解決統籌規畫法的訣竅。但是當這類問題中的數字過大的時候，我們該從何下手呢？例如這一題：

> 用 1 口平底鍋煎餅，每次同時能放 2 個餅，如果煎 1 個餅需要 2 分鐘（假定正反兩面各需要 1 分鐘），請問煎 1993 個餅至少需要幾分鐘？

有些學生一看到 1993 這麼大的數字，就想打退堂鼓，因為這個數字實在太大了，似乎不能像其他統籌題一樣一個一個列舉。

但是別害怕，如果數字存在規律，我們只要把規律抓出來，再套用到後面的數字變化上，就可以將數字化大為小，把情況變簡單。

就像這題，我們在解決的時候可以先設想，如果今天只要煎 3、5 個餅需要多少時間？它們之間有什麼規律？之後再把規律套用到 1993 個餅上就可以。

前進
奧數篇

題型
4

統籌規畫問題

◆ **找尋規律的過程：**

❶ 如果煎 1 個餅，顯然需要 2 分鐘；

❷ 如果煎 2 個餅，仍然需要 2 分鐘；

❸ 如果煎 3 個餅，那麼最佳方案是先花 1 分鐘，同時煎

第一個餅的正面和第二個餅的正面，**然後取出第二個餅，改放入第三個餅**。然後用1分鐘煎第一個餅的反面以及第三個餅的正面；最後取出第一個餅，放入第二個餅，花1分鐘同時煎第二個餅、第三個餅的反面；**這樣總共用3分鐘煎好了3個餅**。

◆ **從小數字找出規律後，套用到原數字上：**

所以在煎1993個餅的時候，可以先把前3個餅單獨計算出來，即是煎前3個餅耗時3分鐘，然後用剩下的 $1990 \div 2 = 995$（組）。

因此煎1990個餅的時間是：$2 \times 995 = 1990$（分鐘）；那麼煎1993個餅的時間是：$1990 + 3 = 1993$（分鐘）。

　　所以若遇到統籌規畫類的題目，千萬不要害怕數字大。只要先從最簡單的情況入手分析可能存在的規律，我們就可以依照規律找到最佳方案喔！

（2）畫圖分配資源法：運用圖像輔助，別讓腦袋空想

　　有些統籌規畫法是關於物資調運、下料問題，以及配套生產。要解決這類問題，我們除了要具備解讀題目條件的能力，還需要具備分析圖形的能力。

　　為什麼需要分析圖形呢？這是因為圖形能夠幫我們直觀地把題目呈現出來，把抽象的條件轉化成具象的圖形，讓我們能夠一眼就能輕鬆分辨距離、路途、遠近等重要條件。下面這題就是最好的證明：

某工地A有20輛卡車，要把60車廢土從A運到B，以及把40車磚塊從C運到D，完成任務後，全部卡車都要回到A。已知A、B、C、D分別是一個不規則四邊形的4個頂點，A、B之間的距離是300公尺，B、C之間的距離是240公尺，C、D之間的距離是360公尺，D、A之間的距離是90公尺，請問如何調運最省汽油？

這題應該怎麼做呢？

可能你一看到題目就想拿筆猛算，但是多多老師認為，要解決這類問題，首先要做的是**根據題意畫一張圖，把題目中有關方位的條件標示出來**，這樣我們就能從圖形中看出怎樣調運才最省汽油、車子來回跑比較少趟。

首先根據這題的條件 ，「已知A、B、C、D分別是一個不規則四邊形的4個頂點」，我們可以畫出這樣的圖：

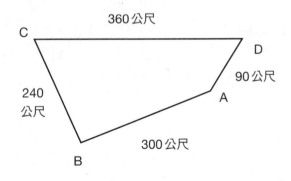

畫完圖後我們可以開始進行分析。從上圖中可以看出，只有設法減少跑空車的距離，才能省汽油。所以可以這樣分析：

方案❶：

如果各派10輛車分別運廢土和磚塊，那麼每運一車廢土要空車跑回300公尺，而每運一車磚塊則要空車跑回360公尺，此外還有運磚車最一開始從A出發抵達C的路程，以及最後從D回來A的路程。這樣在完成任務全部回到A前，總共所有車空車跑了：300×60＋360×(40－10)＋450×10＋90×10＝34200（公尺）。

（小提示：最後一趟磚塊運完，卡車可以直接從D回到A，不用折返回到C，因此路程是「360×(40－10)」公尺。）

方案❷：

如果一輛車按照順序從A→B→C→D→A 跑一圈，那麼每運一車廢土，再運一車磚塊要空車跑：240＋90＝330（公尺）。

因此先派20輛車都從A開始運廢土到B，再空車開往C運磚塊到D後空車返回A，這樣每輛車跑兩圈就完成了運磚塊的任務，然後再派這20輛車都從A運廢土到B再空車返回A，則運廢土的任務也完成了，這時總共空車跑了：330×20×2＋300×20＝19200（公尺）。

◆**結論**：方案2比方案1空車少跑了15000公尺，是最省油的調運方案。

這題如果沒有圖形輔助，單純靠腦袋空想，一定會腦筋打結，很難想出最省油的方案。但是如果像上面一樣根據題意畫圖，那麼根據各地距離的遠近，再透過縝密的邏輯分析，我們很快就能看出哪種調運方案更好嘍！

解決統籌問題的
2 項利器

◎化大為小類推法：先將題目中
的大數化小，再找規律。
◎畫圖分配資源法：將繁瑣的文
字畫為圖畫，別單靠腦袋空想。

若要將189公尺長的鋼筋要剪成4公尺或者7公尺兩種尺寸，請問要如何剪最省材料，不會浪費？

（提示：最佳方案可能不只一種）

**解答請參見p.264

筆記欄

招式1 湊0大風吹

　　如果在算式中有加總或相乘可以湊到尾數「0」的組合（例如「2＋8」或「4×25」），利用加法與乘法的交換律、結合律，我們可以變更算式順序，盡量湊出整數，讓計算變得更簡單。

範例

◆ $60＋284＋46＝（60＋40）＋（6＋284）＝390$

◆ $82＋375＋18＝（82＋18）＋375＝475$

◆ $4×7×25＝（4×25）×7＝100×7＝700$

招式2 「先借再還」湊整法

　　跟「湊0大風吹」一樣，為了避免出錯，我們想讓數字都是結尾「0」的整數。那如果算式中正好沒有湊在一起尾數為「0」的組合該怎麼辦？我們可以請加減法幫忙，先借再還（先加再減），或是先丟再取（先減再加）喔！

作法

❶在加減法計算中，先選擇一組比較接近10、

100、1000 等整數的數，然後在末尾的加上或者減去一個數，使之變成 10、100 或者 1000 等。

❷ 在另一個數把前面加上的補數減去，或是把減去的補數加上。

範例

◆ 79＋88＝？

79＋1＝80；88－1＝87

→80＋87＝167

◆ 98＋47＝？

98＋2＝100；47－2＝45

→100＋45＝145

招式3 向中看齊！計算「連續等差數」之和

相鄰兩個數字的差都相等時，這串數字就叫「連續等差數」，例如：「1, 2, 3, 4, 5, 6, 7」（公差為1）、「1, 3, 5」（公差為2）、「2, 4, 6, 8」（公差為2）。

那麼遇到這些數字，該怎麼快速計算它們的和呢？多多老師告訴你，根據數字的數量是奇數還是偶數，有不同的算法喔！

範例

◆ **奇數個**：當連續等差數的個數是奇數的時候，它們的和等於「中間數乘以個數」，即：**和＝中間數×個數**。

例如，有一串「1, 3, 5」要求相加之和，可以這麼算：

1＋3＋5＝3（中間數）×3（個數）＝9

◆ **偶數個**：當等差連續數的個數是偶數的時候，它們的和等於「首尾兩數之和乘以個數的一半」，即：**和＝（首數＋末數）×個數÷2**。

例如，有一串「2, 4, 6, 8」要求相加之和，可以這麼算：

2＋4＋6＋8＝（2＋8）（首尾相加）×4÷2（個數的一半）＝20

招式4 千上加千：兩個四位數相加

四位數的計算開始讓人眼花撩亂，那麼我們可以將數字拆解為兩部分，先算小的「個位、十位」，接著算大的「百位、千位」，然後再把它們加起來喔！

作法

❶ 在進行四位數以上的加法計算時，從最右側開始以兩位元數為單位，先按照位數進行分組。

❷ 此時各組的數字都是兩位數，先分別算出各自

相加之和。

❸ 將大的位元數組的結果後面補00（等於乘以100），然後跟小的位元數組相加。

範例

◆ 1287 ＋ 3358 ＝ ？

（十位、個位組）87 ＋ 58 ＝ 145

（千位、百位組）12 ＋ 33 ＝ 45

→ 145 ＋ 4500 ＝ 4645

招式5 有時可以搬救兵：二位數減法速算

進行兩個二位數減法時，我們可以先比較被減數與減數的個位數大小，判斷相減時是不是要「搬救兵」，一樣可以先借再還。

作法

◆ 不用搬救兵的情況：

當「被減數的個位數」**大於**「減數的個位數」時，不用搬救兵，直接把減數拆成兩個簡單的數字，分別來減就好。

◆ 要搬救兵的情況：

當「被減數的個位數」**小於**「減數的個位數」時，

我們需要搬救兵，讓被減數的個位數比減數的個位數大，才不會動搖到十位數。之後我們在被減數跟減數上，同時加上一個數，這樣計算時可以把借來的救兵給抵消。

範例

◆不用搬救兵的情況：

98 － 32 ＝ ?

8 ＞ 2 →不用搬救兵

→98 － 32 ＝ 98 － 30 － 2 ＝ 66

◆要搬救兵的情況：

84 － 29 ＝ ?

4 ＜ 9 →要搬救兵

→84 － 29 ＝（84 ＋ 1）－（29 ＋ 1）＝ 85 － 30 ＝ 55

招式6 上千的對戰：兩個四位數相減

多多老師知道，碰到兩個四位數已經夠煩人了，居然還是減法就更令人手忙腳亂。這個時候，我們可以**模仿前面「兩個四位數相加」的作法**，把數字分成「個位、十位」與「百位、千位」內的互減，再把兩組結果相加。

如果分組後遇到被減數的「個位、十位」組比減數的小的情況，就需要跟前方「搬救兵」。

❶四位數減四位數，由於位數相同，可以分別讓前兩位相減，後兩位相減，然後再把相減的位數組合。

　＊如果遇到被減數的後兩位比減數的後兩位小（例如「1843 － 1079」），「個十組」需要跟「百千組」搬救兵。

❷讓兩組對應的數字分別相減。

❸把兩組相減的結果再加總組合。

範例

◆1843 － 1079 ＝ ？

從這兩數的後兩位來看，43 ＜ 79，所以應該把被減數分為「1700 ＋ 143」，把減數拆分為「1000 ＋ 79」。

→（1700 － 1000）＋（143 － 79）＝ 700 ＋ 64 ＝ 764

招式7 十幾乘十幾的速算竅門

　　雖然在老師強制要求正統的乘法算式時，我們還是要依照課本上的寫法呈現，但是這個速算法還有其他用處，可以幫助我們快速驗算答案是否正確喔！

作法

❶將「第一個乘數」和「第二個乘數的個位數」

相加，然後乘以 10。

❷將「兩個乘數的個位數」相乘。

❸將上面兩步得到的兩個數字相加，得到的就是
這兩數相乘的答案。

範例

◆13×14＝？

（13＋4）×10＋3×4＝184

招式8 11的趣味變形：11與任意兩位數相乘

11是個很有趣的數字，當任意一個二位數乘以11時，有
另外一個很好玩的算法喔！

作法

❶當一個兩位數與 11 相乘時，先將這個兩位數的

個位數與十位數相加。

❷把與 11 相乘的十位數拆成兩個數字（例如將
「13」拆為「1,3」），然後把這兩個數字加總
之和，放到這兩個數字之間，即為最後的結果。

範例

◆13×11＝？

$1＋3＝4$

→把「4」放到「1,3」中間，獲得「143」。

◆ $48×11＝?$

$4＋8＝12$，保留個位數的「2」放到「4,8」中間，把十位數多出來的「1」加到百位數的「4」上

→獲得「528」。

招式9 掌握100內的所有乘法：任意二位數相乘

讓我們把目光從「11」上拉遠，來看看任何兩個二位數相乘有什麼速算法吧！等等你也可以把「11」套用過來，看看這個方法跟前一個有什麼差異呢？

作法

❶任意兩個二位數相乘時，先將兩個十位數相乘，之後尾巴補上00。（例如：$28×64$，先算 $2×6$ $＝12$，再補00為1200。）

❷將十位數和個位數的數字以對角線交叉相乘，之後尾巴補上0。（例如要求 $28×64$，那我們讓 $2×4＝8$，$8×6＝48$，然後將兩個數相加，再補0。即 $(2×4)＋(6×8)＝56$，補0得560。）

❸將兩個乘數的個位數相乘。（即 $8×4＝32$。）

❹將超過十位元的位數按照下列方式進位相加，如下：

$$\begin{array}{r} 1200 \\ 560 \\ +\quad 32 \\ \hline 1792 \end{array}$$

招式 10　化繁為簡的除法技巧

◆除以5的速算法：若求一個數字除以5時，可以先讓它除以10，然後再用得到的商乘以2，最後得到的就是正確解答。

> **範例**
>
> ◆$145 \div 5 = ?$
>
> 　$145 \div 10 = 14.5$
>
> 　$\rightarrow 14.5 \times 2 = 29$

◆除以4的速算法：若求一個數除以4時，可以先將這個被除數除以2，然後把得到的商再除以2，這個商就是最後的結果。

> **範例**
>
> ◆$128 \div 4 = ?$
>
> 　$128 \div 2 = 64$
>
> 　$\rightarrow 64 \div 2 = 32$

筆記欄

第1章　數字概念篇

觀念3 p.29

❶能被3整除的數有 12、15、27、21、66、69、81、87、42、138、

126。

❷能被7整除的數有：14、21、77、42、560、98、154、119、126。

觀念4 p.32

❶$\frac{3}{14}$。 解析 $18 \div 3 = 6$，$7 \times 4 = 28$，所以原分數是$\frac{6}{28}$，約分後為$\frac{3}{14}$。

❷$\frac{1}{5}$。 解析 $\frac{3}{8} \times \frac{2}{5} = \frac{3}{20}$；$\frac{3}{20} \div \frac{3}{4} = \frac{1}{5}$。

觀念5 p.36

10。 解析 39.5縮小到原數的$\frac{1}{10}$，就是小數點向左移動一位，是3.95，而

0.395向右移動一位正是3.95，所以把0.395擴大到原數的10倍。

觀念6 p.40

❶$1 - 2 - 3 - 4 + 5 - 6 - 7 + 8 + 9 + 10 = 11$；

❷$4 \times 4 \div 4 \div 4 = 1$或$4 \div 4 + (4 - 4) = 1$；

$4 \div 4 + 4 \div 4 = 2$或$4 - (4 + 4) \div 4 = 2$；

$(4 \times 4 - 4) \div 4 = 3$；

$(4 - 4) \div 4 + 4 = 4$

招式1 p.49

❶ 360隻。 解析 ：設白兔是 x 隻，那麼黑兔就是 $\frac{2}{3}$x 隻，，可列方程式如下：$x - \frac{2}{3}x = 120$，解出 x = 360，所以這個養兔場養了360隻白兔。

❷ 52公斤。 解析 設這筐鮮魚重 x 公斤，可得方程為：$56 - \frac{x}{2} - \frac{x}{4} = 17$，解出 x = 52，所以這筐鮮魚重52公斤。

招式2 ❶ p.54，❷ p.56

❶ 90分鐘。 解析 第一層：算出甲、乙工作效率，每分鐘各自能裝訂12本、8本；第二層：計算兩人合作的工作效率，得到兩人每分鐘合計能裝訂的本數為：12 + 8 = 20（本）；第三層：求出1800本共需兩人同時花費多少時間裝訂：1800÷（12 + 8）= 90（分鐘）。

❷ 5天。 解析 第一層：把這項工程看做1，甲每天可以完成 $\frac{1}{12}$，乙每天可以完成 $\frac{1}{20}$；第二層：甲先做4天完成，$4 \times \frac{1}{12} = \frac{1}{3}$；第三層：剩下的工作量 $1 - \frac{1}{3} = \frac{2}{3}$；第四層：還需要的天數為 $\frac{2}{3} \div (\frac{1}{12} + \frac{1}{20}) = 5$（天）。

招式3 p.62

288。 解析 小明把個位數上的8看成9，使得和增加了1，把十位數上的8看成3，使得兩數之和減少了50，因此可以把這個問題轉化為某數加1，減去50等於239，那麼這個數是239 + 50 - 1 = 288.

招式4 ❶ p.67，❷ p.69

❶女工22人，男工18人。 解析 假設40名工人全部是男工，則5分鐘後
應該裝配600個零件，但實際上只有435個，因此得出誤差600－435
＝165（個），並將這五分鐘的落差以女工和男工的效率差換算，得
出165÷〔(3－1.5)×5〕＝22，得知女工為22人，剩下的18人就是
男工了。

❷22個。 解析 假設這些玻璃杯全部安全運到，一個都沒打碎，那麼物
流公司應得運費是1×1000＝1000（元），但是實際運費是890元，
相差1000－890＝110（元）；根據題目中的條件，每打碎一個玻璃
杯，不僅沒有1元運費，還要倒賠4元，也就是說每打碎一個玻璃杯
就損失1＋4＝5（元）。據此可以列式為：110÷5＝22（個）。所
以打破的玻璃杯是22個。

招式5 ❶ p.73，❷ p.76

❶米50公斤，麵粉25公斤。 解析 若以麵粉代替米，則「4袋米和5袋麵
粉」可換為「13袋麵粉」。則可算出一袋麵粉重量：325÷13＝25
（公斤），那麼一袋米的重量就是：25×2＝50（公斤）。

❷白菜每斤1.5元，蘿蔔每斤4元。 解析 可以用蘿蔔代替白菜，根據「買
8斤白菜的錢可以買3斤蘿蔔」這個條件，先算出32斤白菜裡有幾個8
斤：32÷8＝4。也就是說32斤白菜可以分成4個八斤白菜，而8斤白
菜等於3斤蘿蔔，所以可以推出：32斤白菜等於4×3＝12斤蘿蔔。
根據第一個條件，可以把32斤白菜替換成12斤蘿蔔，因此，就是45＋
12＝57斤蘿蔔共花了228元。那麼蘿蔔的單價就是：228÷57＝4
（元），3斤蘿蔔就是：3×4＝12（元），所以白菜的單價就是：12÷8

＝ 1.5（元）。

招式6 p.83

25頁。 解析：剩下的頁數是全書的25%→即前兩天讀的是全書的（1－25%）。第一天讀了35頁，第二天讀了40頁，即兩天共讀（35＋40）頁，也就是全書的總頁數：75÷75% ＝ 100（頁）；剩下的頁數：100×25% ＝ 25（頁）。

招式7 p.90

110套。 解析：這題的關鍵條件是「已知第三天比第一天多生產3個小時」，追蹤這個條件可以得出這樣的結論：想知道平均每小時生產多少，就要知道第三天比第一天多生產了幾套，然後用多生產的總量除以3，就能得出每小時的產量。

根據題目條件反推，第二天的產量是第一天的 $\frac{5}{4}$ 倍，所以第二天的產量是（720÷4）×5 ＝ 900（套）；而第三天的產量比第二天

多了 $\frac{1}{6}$，也就是900×（1＋$\frac{1}{6}$）＝ 1050（套）。

因此第三天比第一天多生產了：1050 － 720 ＝ 330（套），就可以算出每小時生產的數量：330÷3 ＝ 110（套）。

招式8 p.97

15天。 解析：從甲、乙兩組的工作天數和效率求出這批機器的總量，是本題關鍵。甲組生產12天的產量是：12×80 ＝ 960（個）；

乙組生產9天的產量是：80×$\frac{3}{4}$×9 ＝ 540（個）；

所以總產量是：960 ＋ 540 ＝ 1500（個）。丙組每天產量是：80×$\frac{3}{4}$＋40 ＝ 100（個），因此全由丙組完成的天數是：1500÷100 ＝ 15（天）。

招式2 p.227

10.5個小時；552個。**解析**：把第一天的工作總量看做「1」，那麼第二天的工作總量就是「2」。師傅完成第一天工作需要的時間：$6 + 4 \times \frac{4}{5}$
$= \frac{46}{5}$（小時），

那麼師傅的工作效率就是：$1 \div \frac{46}{5} = \frac{5}{46}$，

徒弟的工作效率就是：$\frac{5}{46} \times \frac{4}{5} = \frac{2}{23}$。

因此徒弟第二天的工作時間就是：

第二天師傅的工作總量：$\frac{5}{46} \times 10 = \frac{25}{23}$，

第二天徒弟的工作總量：$2 - \frac{25}{23} = \frac{21}{23}$，

第二天徒弟的工作時間：$\frac{21}{23} \div \frac{2}{23} = 10.5$（小時）。

因此師徒兩天一起加工的零件數共是：

第二天師傅比徒弟多做的份數：$\frac{25}{23} - \frac{21}{23} = \frac{4}{23}$；

而第二天師傅比徒弟多做了32個，

因此每份完整的工作量為：$32 \div \frac{4}{23} = 184$（個），

兩天的工作總量為（1＋2）份，所以兩天的工作量是：$184 \times 3 = 552$（個）。

招式3 p.237

丙拿了丁的作業本，而丙的作業本被戊拿去了。

解析根據全發錯了，以及上面幾種情況，可以得到下表：

	甲本	乙本	丙本	丁本	戊本
甲	×	×		×	
乙		×	×	×	
丙		×	×		×
丁			×	×	×
戊	×			×	×

再往下推理，就需要用到假設法了，而根據上表可以看出，甲拿的作業本不是丙就是戊的。所以**假設甲拿的作業本是丙的**。得出下表：

	甲本	乙本	丙本	丁本	戊本
甲	×	×	✓	×	×
乙	×	×	×	×	✓
丙	×	×	×	✓	×
丁	✓	×	×	×	×
戊	×	✓	×	×	×

從這個表格中可以看出，乙本在戊的手裡，而戊本在乙的手裡，不符合題意「沒有人互相拿錯」，所以假設不成立。**再重新假設甲拿了戊的作業本**。得到下表：

	甲本	乙本	丙本	丁本	戊本
甲	×	×	×	×	✓
乙	✓	×	×	×	×
丙	×	×	×	✓	×

| 丁 | × | ✓ | × | × | × |
| 戊 | × | × | ✓ | × | × |

經過分析，這個表中的情況沒有互相矛盾或不符合題意的地方，所以假設成立。根據表格，得知丙拿了丁的作業本，而丙的作業本被戊拿去了。

招式4 p.246

共有七種最佳方案，詳情請看解析。

解析 顯然根據題目的要求，沒有殘餘鋼筋的剪法是最優方案，因此我們可以先用 $189 \div 7 = 27 \cdots 0$，列出以下幾種方案：

◆ **方案1**：7公尺的27個，4公尺的0個。

又因為4和7的最小公倍數為28，所以當7公尺的每減少4根，4公尺的就可以增加7根，所以還有其他不剩餘鋼筋方案：

◆ **方案2**：7公尺的23個，4公尺的7個；

◆ **方案3**：7公尺的19個，4公尺的14個；

◆ **方案4**：7公尺的15個，4公尺的21個；

◆ **方案5**：7公尺的11個，4公尺的28個；

◆ **方案6**：7公尺的7個，4公尺的35個；

◆ **方案7**：7公尺的3個，4公尺的42個。

以上七種方案都可以做到不剩材料，因此最佳方案有七種。

筆記欄

筆記欄

筆記欄

筆記欄

筆記欄

小野人 29

小學生數學我不怕!

100分必讀．Q版神攻略
No.1學霸李小白遇上難題，多多老師神救援

作　　者　樂多多

野人文化股份有限公司　　　　**讀書共和國出版集團**

社　　　長	張瑩瑩	社　　　　　長	郭重興
總 編 輯	蔡麗真	發行人兼出版總監	曾大福
副 主 編	陳瑾璇	業 務 平 臺 總 經 理	李雪麗
責任編輯	陳韻竹	業務平臺副總經理	李復民
專業校對	林昌榮	實 體 通 路 協 理	林詩富
行銷企劃	林麗紅	網路暨海外通路協理	張鑫峰
封面設計	周家瑤	特 販 通 路 協 理	陳綺瑩
內頁排版	洪素貞	印　　　　　務	黃禮賢、李孟儒

出　　版　野人文化股份有限公司
發　　行　遠足文化事業股份有限公司
　　　　　地址：231新北市新店區民權路108-2號9樓
　　　　　電話：（02）2218-1417　傳真：（02）8667-1065
　　　　　電子信箱：service@bookrep.com.tw
　　　　　網址：www.bookrep.com.tw
　　　　　郵撥帳號：19504465遠足文化事業股份有限公司
　　　　　客服專線：0800-221-029
法律顧問　華洋法律事務所　蘇文生律師
印　　製　成陽印刷股份有限公司
初　　版　2021年01月

國家圖書館出版品預行編目資料

小學生數學我不怕!(100分必讀.Q版神攻略)：
No.1學霸李小白遇上難題，多多老師神救援 /
樂多多作. -- 初版. -- 新北市：野人文化股份有
限公司出版：遠足文化事業股份有限公司發行，
2021.01
　面；　公分. -- (小野人；29)
ISBN 978-986-384-461-7(平裝)

1. 數學教育 2. 小學教學

523.32　　　　　　　　　　　109017028

小學生數學我不怕!

線上讀者回函專用 QR CODE，你的
寶貴意見，將是我們進步的最大動力。

野人文化
官方網頁　　　野人文化
　　　　　　　讀者回函

野人文化
讀者回函卡

書　名
_____

姓　名
_____ □女 □男　年齡 _____

地　址
_____

_____

電　話 _____ 手機 _____

Email
_____

□同意 □不同意　　收到野人文化新書電子報

學　歷 □國中(含以下) □高中職　　□大專　　　□研究所以上
職　業 □生產/製造　□金融/商業　□傳播/廣告　□軍警/公務員
　　　 □教育/文化　□旅遊/運輸　□醫療/保健　□仲介/服務
　　　 □學生　　　□自由/家管　□其他

◆你從何處知道此書？
　□書店：名稱 _____　　□網路：名稱 _____
　□量販店：名稱 _____　　□其他 _____

◆你以何種方式購買本書？
　□誠品書店　□誠品網路書店　□金石堂書店　□金石堂網路書店
　□博客來網路書店　□其他 _____

◆你的閱讀習慣：
　□親子教養　□文學　□翻譯小説　□日文小説　□華文小説　□藝術設計
　□人文社科　□自然科學　□商業理財　□宗教哲學　□心理勵志
　□休閒生活（旅遊、瘦身、美容、園藝等）　□手工藝／DIY　□飲食／食譜
　□健康養生　□兩性　□圖文書／漫畫 □其他 _____

◆你對本書的評價：（請填代號，1.非常滿意　2.滿意　3.尚可　4.待改進）
　書名 _____ 封面設計 _____ 版面編排 _____ 印刷 _____ 內容 _____
　整體評價 _____

◆你對本書的建議：
_____

_____

_____

_____

野人文化部落格 http://yeren.pixnet.net/blog
野人文化粉絲專頁 http://www.facebook.com/yerenpublish

廣　告　回　函
板橋郵政管理局登記證
板橋廣字第 143 號

郵資已付　免貼郵票

野人

23141
新北市新店區民權路108-2號9樓
野人文化股份有限公司 收

請沿線撕下對折寄回

野人